街角のイノベーション

なぜ、人は挑むのか

文　岩崎達也
写真　石田青

未来の羅針盤

下町書房

はじめに

「これで、いいのだ!!」

　このフレーズは、言うまでもなく天才漫画家・赤塚不二夫氏の描いた漫画『天才バカボン』に登場するバカボンのパパの言葉である。いまの日本の経営者や識者には、「自己肯定感が強すぎる！」「安直な！」と一蹴されそうな言葉でもある。

　しかし、これまでわが国の産業界は、漏れはないか、欠けている部分はないか、さらに改善できないかと議論に議論を重ね、微に入り細に入り検証をして、完成品ができる頃にはタイミングが遅れ、さらに多くの意見を取り入れたために角《かど》がとれて、よくできているけれど、斬新ではないものを世に出してきたようでならない。

日本から、多くのイノベーティブ（革新的）な製品が生まれていた時代には、こんな製品があったらみんなが喜ぶだろう、これをつくったら人々の生活が良い方向に変わるだろうという「思い」や「夢」が先にあり、その結果、数々のイノベーティブだと言われるものが生まれていた。

いま、世界をリードするもののひとつに、アニメ・漫画などのサブカルチャーがあるが、それに付随するファッションなどもわが国から広まったものである。どこの誰にも忖度《そんたく》することなく、思い切り創造力の限りを展開している。そこに世界は魅力を感じ、憧れを持つ。

「これでいいのだ!!」と、言い切るには勇気がいる。最初は、誰も見向きもしてくれないかもしれない。すぐに業績が上がらなければ、責任をとらなければならない場合もある。しかし、これはいける！　という信念、あるいは強い熱意の中にこそ、イノベーション（innovation）の萌芽《ほうが》があるのではないか。

そもそもイノベーションとは、どのように定義されているのだろうか。イノベーション研究の第一人者である経済学者ヨーゼフ・シュンペーターは、「新規の、もしくは、既存の知識、資源、設備などの新しい結合」(Schumpeter, 1912初出)と定義している。物事の「新しい結合」や「新しいアイデア」から新たな価値を創造する行為全般がイノベーションだと言っているのだ。

しかし、わが国では新しい技術の発明といったハード面にのみ企業の意識が集中し、さらに企業ぐるみの大きな改革といった方向に進んでしまった感がある。もっと柔軟に、もっと自由にイノベーションを捉えなおそう。

本書は、多くの書籍のようにイノベーションを大上段に構え、それが社会や経済システムを変えるというスタンスではなく、もっと身近な改革や発見を射《しゃ》程《てい》に置く。それを『街角のイノベーション』と定義した。

ここに登場する7人＋1グループの方々の事業や行動中に、成功の因子が含まれている。すでに成功している方、まだ途上で頑張っている方、現在の状況を利用しながら新たなフィールドにシフトしようとする方、家族の中にイノベーションをもたらした方などなど、事業規模も職種もばらばらである。しかし、共通するものとしては、目的に向かってまっすぐに進もうとする揺るがぬ信念があるということである。前例とか、グローバル（世界的な、包括的な）とか、効率とか、そういったことさえ眼中にない。ただひたすらそれがいいと思って実行してきた人たちである。そういった人たちが人を引き付け、人を巻き込んでムーヴメントをつくっていく。

成熟したいまの日本では、かつてのような国民全体が共有する成長物語は成り立ちにくい。イノベーションをもっとコンパクトに捉え、それを組織、コミュニティ、個人といったレベルで応用すればいいだろう。そういった行為の先に、世界につながる新たな発明や事業モデルが誕生するのではないか。そろそろ「イノベーションをイノベーションする時」である。

この中に、未来のあなたがいる

ここに登場している「7人＋1グループ」は、すでに成功し、活躍しているかもしれないが、まだまだ未来の理想の自分に向かって走り続けている。

本書を手に取る方々もきっと、「起業したい」「お店を持ちたい」「商品開発をしたい」「もっと楽しく働きたい」など、さまざまな夢を持ち、いろいろなことに挑戦したい人たちであろう。つまり、本書で紹介するのは、7人＋1グループの物語であると同時にあなたの物語である。この中にあなたの置かれている状況や目指す夢に近い人物が必ずいるはずだ。

これらの事例から成功の因子を感じ、抽出し、自分のこれからの活動に応用されることを望む。生き方、発想の仕方、考え方、仕事のやり方など多くの知見が入っている。そして、さらに考え方を深めたい人には、ぜひ読んでもらいたい書籍を付記した。

『破壊的イノベーション』で著名なハーバード・ビジネススクール教授のクレイトン・クリステンセンは、その最終講義では、企業のイノベーションやビジネスの話ではなく、どうすれば幸せで充実した人生を送れるかを語っている（『イノベーション・オブ・ライフ』翔泳社 ２０１２）。イノベーションとは、その人の人生そのものを見つめ、より良く捉え、道を定めていくこととも言える。

〈**キーワード**〉

・「**場づくり**」：場所をつくる。場所を変える。

- **「事業承継」**：時代と継承。
- **「逆張り」**：主流や多数の逆にこそ新たな市場がある。
- **「やりがい醸成」**：好きなことこそ継続できる。
- **「時間密度」**：幸せは時間の濃さの中にある。
- **「差別化」**：マーケティングの実践。
- **「自己実現消費」**：いま、「はまる消費」の時代。
- **「献身と見返り」**：利他の精神にリターンがある。
- **「活躍の場の見極め」**：自分のポジションを決める。
- **「見える化」**：いまあるものを可視化すると、チャンスが見える。
- **「組織化」**：ビジネスを継続していくためには、チームにすることが肝要。
- **「認証制度」**：壁をつくると、人は乗り越えたくなる。
- **「本能に従う」**：一度知識を捨て、本能に従うことでジャンプできる。

・「**サステナブル化**」：大義をつくることの重要性。
・「**家族だからできること**」：チームとしての家族、個人としての自分の役割。
・「**決める覚悟**」：最後はやっぱり覚悟の問題。

あなたの感性で、もっとイノベーションの因子を見いだしてほしい。本書には、そのヒントとなる成功の因子がぎっしり詰まっている。

2021年5月吉日

岩崎　達也

街角のイノベーション◎もくじ◎

Contents

Chapter 2

温泉ソムリエ家元＆遠間旅館主人 遠間和広
6代目の挑戦

Chapter 5

人呼んで、ラブレターの達人

富士通「人間力セミナー」プランナー 坂本美奈

Chapter 8

Part 2 LIFE GRAPHIC レンズ越しのイノベーター

Part 1

未来のあなたの「成功因子」を見つけよう

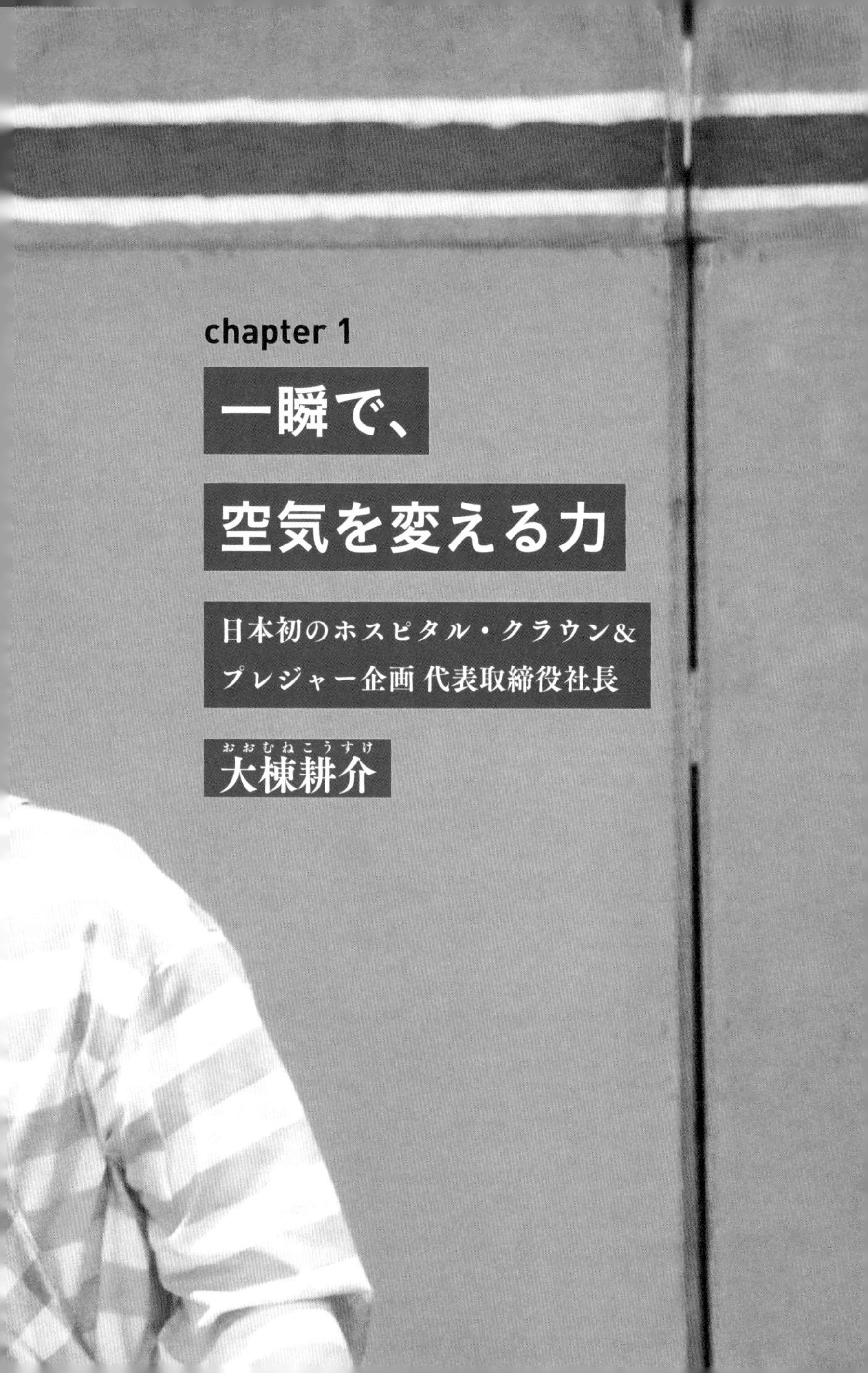

chapter 1

一瞬で、空気を変える力

日本初のホスピタル・クラウン&
プレジャー企画 代表取締役社長

大棟耕介《おおむねこうすけ》

大棟さんは、日本では珍しいクラウン（道化師）だ。登場するや、その表情やコミカルな動きで、固かった場の空気を一瞬にして変え、今日は思いっきり楽しんでいいんだよという空気にする。

それは達人の技だが、彼は笑いながら「人の喜ぶ顔が見たいだけですよ」という。本当の顔がどれなのかを見せないところも彼らしい。

プロフィール

有限会社プレジャー企画　代表取締役社長／クラウンＫ《ケイ》（道化師）／ＮＰＯ法人日本ホスピタル・クラウン協会理事長／愛知教育大学　非常勤講師／世界道化師協会事務局長。

筑波大学を卒業後、鉄道会社に就職。在籍中にクラウンの勉強をはじめ、プロに転身。有限会社プレジャー企画の社長を務め、現在もクラウンＫとして活躍、総勢約40名のクラウンチーム『プレジャーＢ』を率いている。道化師の世界大会ＷＣＡ（World Clown Association）のグループ部門で金メダルを受賞。また、クラウンが小児病棟を訪問し、子どもたちに笑顔を届けるホスピタル・クラウンの活動にも取り組む。

地元ではだれもいなかったから、クラウンになった

もともとクラウンに憧れていたわけではない。大学を出て鉄道会社に入社し、6年在籍した。非常にいい会社だったし、辞める必要もなかったが、自分の力で思いっきりチャレンジしたくなった。

会社というのは、毎年、売上目標があるが、ひとりでがんばり過ぎてはいけないということがわかった。数字を上げ過ぎると周りと歩調が合わなくなるので、目標はそこそこでいい。ところが、大棟さんは常に全力を出して仕事がしたいと思うようになった。毎日同じことを繰り返す生活から抜け出したいと思うようになっていったのだ。

また、自分には「人を楽しませることができない」というコンプレックスが

あり、これを改善したいと思っていた。天邪鬼《あまのじゃく》なところがあり、人と違うことをしたいと常に考えてしまうという。不得意そうなところに挑戦したいという思いもあり、入社2年目のときに自己啓発しようと考え、クラウン養成講座を受講した。翌年、在籍しながらクラウンファミリー「プレジャーB」を結成。そして、会社員6年目の時に鉄道会社を退社、有限会社プレジャー企画を設立し、本格的にクラウンとしての活動を開始する。

実際にやってみて、クラウンという仕事が大変むずかしいことに気づく。しかし、目の前のことに対して全力で取り組む大棟さんの気質が、クラウンの資質を花開かせることになる。「できないということはありがたいこと」と考え、達成するためにひたすら勉強した。

その結果スキルだけでなく、クラウンの市場も見えてきた。独立当時は、名古屋には芸人が少なく、イベントの際などは、東京や大阪から交通費をかけてクラウンを呼んでいた。地元にクラウンがいれば交通費がかからないという有利性、メリットがある。ビジネスチャンスがそこにある。また、ぎりぎり一人分の仕事であれば確保できるのではないかと思ったという。

大棟さんは、小学生の頃、野球をやっていたがポジションはキャッチャー、その後、中学で陸上競技をやるが、棒高跳びを選ぶ。なぜか？　それは競争相手が少ないからだ。自分は常にクラスで2番だったので、競争率の

「できないことはありがたいこと」。まだ自分には可能性があると思えるからだという

少ないところで1番になろうと考えたわけだ。実際、クラウンは地元ではまだ、めずらしい種類のパフォーマーだったので、遊園地やホテルなどのショーなどでも引く手あまたになっていった。

ひとりの力の範囲、みんなの力の範囲

では、なぜクラウンファミリー「プレジャーB」を結成し、のちにプレジャー企画というクラウンのチームにしたのか。大棟さんは、ひとりの力ではたいしたことはできないからだという。クラウンを育てることで、チーム力を発揮しながら企業にアプローチし、社会に対して影響力を持つことができると考えている。

日本でだれよりも多くのクラウンを育てたことで、人々に影響を与えること

ができているのではないかという。1年365日、そのすべてを自分ひとりで対応するわけにはいかない。たとえば、1週間のうち7日、それぞれのクラウンが対応することで、また組み合わせによってそれぞれのキャラクターが活きるショーを見せることができるからだ。

また、大棟さんは、依頼主の気持ちを瞬時に読もうと努力もする。どんなクラウンを求めているのかわかるので、その時の要望に応じてチームの構成を考えている。

人生に、苦しいことはなければいけない。2倍笑うために、2倍苦しむ。苦しいと思うのは余裕があるということ。朝起きるだけで幸せを感じる。いまを全力で過ごすこと、そして日々頑張れることに感謝している。あたりまえの日常を過ごすためには、日々最善の努力が必要だと大棟さんは考えているのだ。

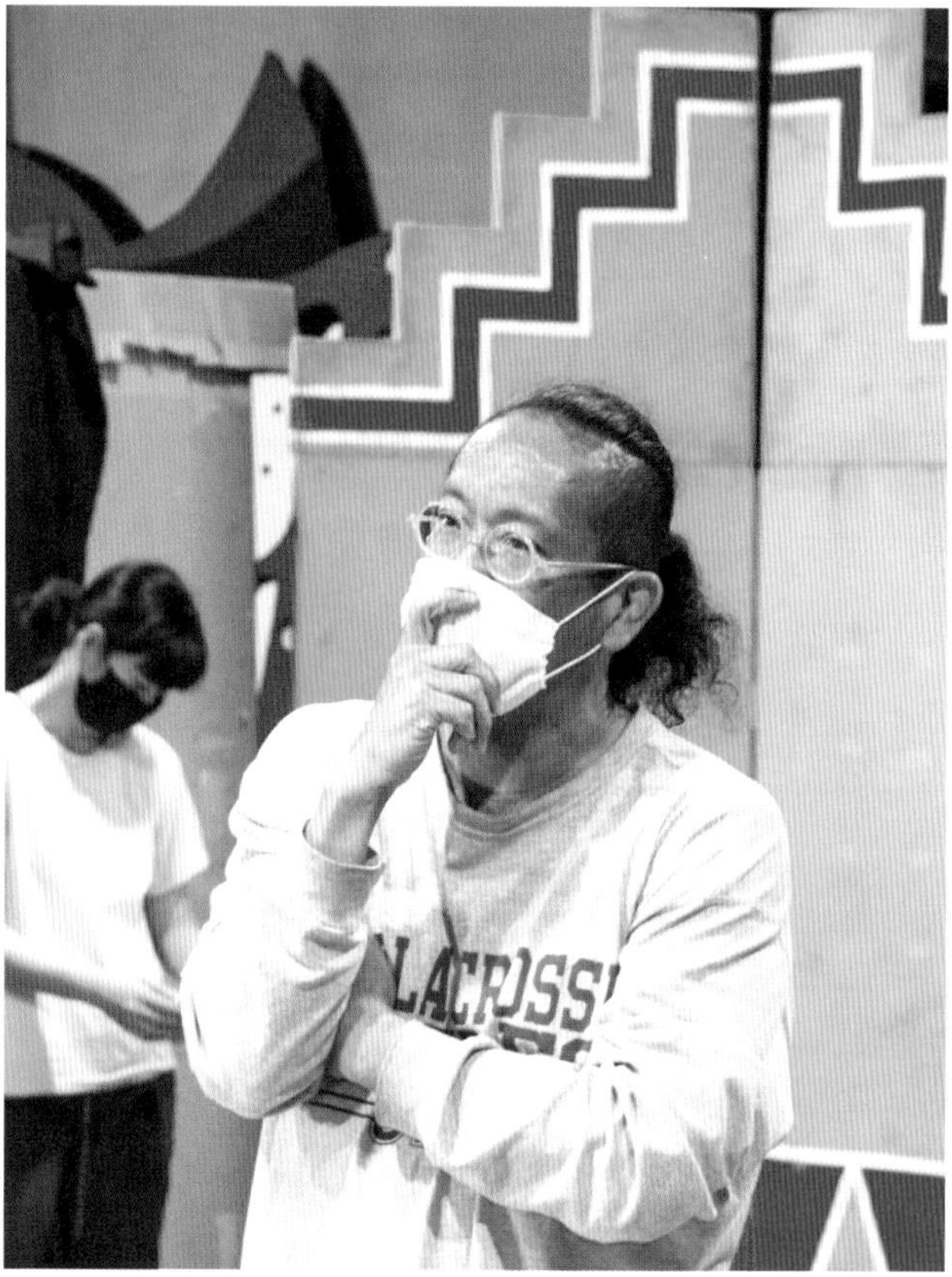

クラウンショー開始前のリハーサル。プロデュースも自身で行う

相手に寄り添って、場の空気を変える

大棟さんは、ＮＰＯ法人日本ホスピタル・クラウン協会の理事長でもあり、多くの病院を訪問している。病気の子どもたちと接するうちに、最初はベッドで背中を向けていた子どもが、やがて笑っていたずらなどをするようになったり、失語症だった子どもから「ありがとう」という言葉がでたり、表情のなかった子どもが笑顔を見せたりするようになるという。

クラウンのパフォーマンスは、ジャグリングなどだけでなく、相手の気持ちを汲んだり、空気をなごませたりする感性と技術が必要なのだ。ホスピタル・クラウンの活動は、まさに相手の気持ちに寄り添って場の空気を創るクラウンだからこそできる技と言える。

病院で子どもたちが喜んでいる顔を見るとうれしい。人を喜ばせることで、自分もうれしさを感じる。すべての子どもたちが持っている可能性には、たくさんの選択肢がある。未来のためにも「いま」を大切に生きることが重要だということを子どもたちにもわかってほしい、と大棟さんは力説する。

ムダって、ムダか？「スカブラ」の役目

大棟さんは、「スカブラ」という人たちの話をしてくれた。かつて九州の炭鉱などには、炭鉱夫たちの笑わせ役として「スカブラ」と言われる人がいた。語源は「仕事が好かんで、ブラブラ」である。彼らは石炭を掘らず、おもしろい話をしたり、みんなにお茶を出したりする役割をしていた。しかし、石炭も掘らずぶらぶらしている「スカブラ」を業務改善で会社が廃止すると、かえっ

この日はオンラインでクラウンショーを開催。ショーが終わり、観客一人ひとりに「ありがとう」を告げる

左からクラウンのプランツ、クラウンK、そにお

て作業能率が下がり、場の空気もギスギスしてしまったという。本音をぶつけ合い、活気あふれる社内環境をつくるためには「笑い」が効果的、「笑ってもいいんだ」という雰囲気づくりが大切だと大棟さんは考える。社員の笑顔が自然に出て、本音で話せる環境づくりこそ、生産性の高い組織の土台である。

クラウンも、場の空気を温めたり、和やかにしたりしてサーカスの芸を最大限、楽んでもらう状況をつくる。自分はあくまでも脇役で、実際のショーをする芸人が主役だ。しかし、昔、サーカスにおいては、その組織のトップ自らがクラウンであっても、雇われたクラウンであっても、その給料はショーをやる芸人たちよりも高額だったという。それほど、サーカス自体の出来をクラウンが左右するということだ。場の空気をつくる力こそ、主役を引き立て、ショーを盛り上げる重要な要素になる。全体の最適をつくるためには、一見無駄に見える役割の人間が、生産性アップに寄与している場合が多い。

オーバーアクションと笑顔の効能　大人から笑おう

最近、世の中からはじけるような笑い声が聞こえてくることが少ない。経済の低迷、毎年来る自然災害、新型コロナウイルスの蔓延《まんえん》など閉塞感のある世の中で人々の心は凍《こお》っているのかもしれない。そんな空気の中、大棟さんは、クラウンのように誰もが大きく笑うなどオーバーアクションをすることを大事にしている。何を考えているのか――怒っているのか。喜んでいるのか――わからない人に、他者はどういう態度で接していいかわからない。笑いは笑いを生み、人びとを巻き込む。伝播《でんぱ》する。大げさな表現は、人を巻き込み幸せにする。オーバーアクションは、人とのコミュニケーションのきっかけとなる。

そして、「大人が笑えば子どもも笑う。子どもは空気を敏感に感じている」

と大棟さんは話す。いま、大人には笑顔がない。なかなか厳しい世の中で、しかたがない部分もあるが、次代を担う子どもたちが自由な発想でのびのび生きられるようになってもらうためにも、大人が笑顔を取り戻すことが必要だ。

□イノベーションの視点 空気の力——空気を変えれば、組織は動く

大棟氏は、「空気を変えれば、組織は動く」という。近年、日本では大きなイノベーションが生まれていない。かつての成功体験、あるいは長引く不況の中で組織は硬直しているのではないだろうか。「組織は、戦略に従う」と経営史学者のアルフレッド・チャンドラーは言ったが、柔軟性のない硬直した組織では、どんないい戦略であっても、それに沿ったいいパフォーマンスは発揮できないだろう。

これまでにない創造活動や新しい発想は、生産性向上や効率アップといった

従来から企業が持つ空気の中からは極めて生まれにくい。過去の成功体験やこれまでの会社風土を乱してはいけない、社内の空気を乱してはいけないなど、見えない鎖《くさり》に縛られて新たな発想やイノベーションが生まれにくい傾向が強まっているのではないか。

また、サービス・マーケティングでよく言われる言葉に、「真実の瞬間」(Moment of Truth) というものがある。接客などの現場で従業員が顧客と接するわずかな時間のことで、顧客はそのわずかな瞬間で、その企業や店舗に対する全体の印象・評価を決定するというのである。

「真実の瞬間」というのは、もともと闘牛において闘牛士が牛を仕留める一瞬のことである。これは、経営コンサルタントのリチャード・ノーマンが唱えたものだが、当時スカンジナビア航空（ＳＡＳ）の社長兼ＣＥＯだったヤン・カールソンが、この考えを取り入れて経営再建に取り組み、大きな成果を挙げた。カールソンが、企業と顧客の平均接触時間を割り出したところ、真実の瞬間はわずか15秒で、その間に勝負は決すると主張した。

この言葉を借りれば、大棟さんはクラウンとして観客の前に立った時、その場の空気を変える一瞬、まさに「真実の瞬間」をつくり出している。

これからはじまる素晴らしいアミューズメント空間に誘う空気を醸成し、人々の中に今日は思いっきり楽しむぞという心構えを持ってもらう。その世界に入ってしまえばその後は、数々の驚きの体験を経てクライマックスまでスムーズに進行する。

〔岩崎教授から、もう一言〕

ここでは、2つのことをお話したい。

1つ目は「空気」の話。

私が日本テレビに在籍していたときの話である。テレビの番組制作現場では、番組収録前に「前説」のいうのがある。売れる前の若手芸人や番組スタッフなどが出てきて場の空気を温める。温めるというのは、収録前の緊張感のある雰囲気を和らげ、笑いの起こりやすい空気をつくっておくこと。さらに、制作現場においては常に言われなくても、先に先に空気を読んで行動することが求められる。先輩ディレクターから「気づけよ！」と言われるのは、日常茶飯事である。番組内容、現場の進行、タレントのこと、事務所のこと、クライアントのこと、社内の力学、社会の空気、もっとも多くのことに素早く「気づいた」人間が、誰よりも早くアシスタントディレクターからディレクターやプロデューサーに昇進する。企業活動も同じだろう。古典的名著である山本七平の『「空気」の研究』（文春文庫　１９８３）においても「空気」は、人の行動を左右する絶対的権威だと述べている。

そしてプロジェクトの進行や組織の運営が上手な人は、総じて空気をつくることがうまい。組織を動かすためには、まずそのゴールを明示し、その道程とメンバーそれぞれの役割を示さなければいけない。戦略とは、まず目的を明示することだ。そして指示系統の決定と人の配置、予算設定である。ゴールを目指す意義とそれぞれの果たす役割（自分がこの組織には欠かせないという意識）によって、組織のモチベーションは高くなる。

できるリーダーは、自分と一緒ならきっと楽しい仕事になる、あるいはきっと大きな仕事ができるという雰囲気を発信している。夢を語りつつ、ゴールへの道程は、極めて具体的である。拙著『日本テレビの「1秒戦略」』（小学館新書 2016）において、当時の日本テレビが行ったフジテレビから視聴率トップを奪うまでの番組改革プロジェクトについて記した。その時に各部署のリーダーがとったスタンスと個人の奮闘を書いたので、興味があったらぜひ読んでほしい。

空気について述べてきたが、ＳＮＳの時代になって、より一層世の中の流れ、空気づくりが世論形成に有効になっている。そのことで政権が動いたり、世界が反応したりする。人は、その場の空気に案外抗《あらが》えないのかもしれない。

２つ目は、「逆張り」の発想の重要性について。

大棟さんがクラウンになろうと決めた時、日本では誰もクラウン一本で食べていこうなんて考える人はいなかった。「誰もやっていないから、自分がやる」という覚悟。そしてひとりでやるより、チームにしてみんなでやれば、より多くの人を楽しませることができるという「組織化」の発想。自分は天邪鬼だからと言うが、マーケティング的には理にかなっている。競争相手のいないところにポジションをとり、それを組織化することで継続性と供給量を確保する。もちろん大棟さんという突出した才能がなければその一歩は実現しないが、もし起業しようと思ったら、市場をよく見極め、逆張りの発想をしてみるといい。

大棟さんの場合は「人を楽しませたい」という強い欲求から、まだ誰も主力で取り組んでいない「クラウン」という結論にたどり着いた。さらに、病気の子どもたちのためにホスピタル・クラウンの協会をつくる活動をしている。そこにクラウン活動を続ける社会的意義を創出している。そういった、大義のもとに太い流れをつくることでチームは誇りを持って行動でき、また、それを社会も応援する。

発想法で学生たちによく言っていることがある。多くの人たちがいいと言っている製品提案や新企画などは、一度は疑って逆の発想をしてみるようにと。多くの人がいいと思うものは、きっと誰もが発想できることで大した斬新さはない。実現可能性は見えるが、画期的な発明ではない。なまじ成功体験のある上司やビジネススクールの先生は、自分の理解を超える発想や企画を否定して論理的に批評するが、それが納得できなければとりあえずスルーしていい。

人を感動させるもの、心を動かすものは論理を超えているからだ。私のゼミの学生は、私のせいでビジネスプランの発表会などで割を食っている。「整然とよくできているものを私は好まない。多少破綻があってもオリジナリティの高いもの、おもしろいものを求めるので、審査員の先生から厳しい批評を受けることもある。でも「胸を張って明日に向かえ」という。「少なくとも君たちにはイノベーションを起こす才能があるから」と。

■読んでほしい本■

ヤン・カールソン著 堤猶二訳『真実の瞬間 SAS（スカンジナビア航空）のサービス戦略はなぜ成功したか』ダイヤモンド社（1990）

山本七平著『「空気」の研究』文春文庫（1983）

chapter 2

6代目の挑戦

温泉ソムリエ家元&遠間旅館主人

遠間《とおま》和広《かずひろ》

文化十

これまでのように「いい温泉」があれば、お客様が来てくれるという時代ではない。温泉にもソムリエが必要だ。ワインと同じように。泉質、歴史、謂《いわ》れ、源泉かけ流し、入浴方法――。ただ温泉につかるだけでも充分に極楽気分を味わえるが、そこに知識が加わると、その心地良さは極上になる。「温泉とは、時空を超えた感動体験」と遠間さんはいう。

プロフィール

1965年、約200年の歴史を持つ赤倉温泉「遠間旅館」の長男として生まれる。東京経済大学経営学部卒業後、株式会社船井総合研究所に入社。5年間勤務したのち、6代目として温泉旅館の経営に携わる。2002年、赤倉温泉で温泉ソムリエの制度を発足。現在、「温泉ソムリエ協会」家元として、全国で温泉の魅力や正しい入浴法を広めている。2021年3月、温泉ソムリエ認定者は2万人を突破した。

「温泉ソムリエ」の誕生と展開

「温泉ソムリエ」とは、ソムリエがワインの知識を持つように「温泉」の知識を持ち、また、ソムリエがテイスティングやデキャンタージュのような技術を持つように「入浴法」という技術を身に着けることを目的としてつくった資格だという。

この事業を行うきっかけとなったのは、遠間さんが旅館を営んでいる新潟県妙高市の赤倉温泉が、温泉地としてよりスキー場としての知名度が高く、冬場はいいが夏場には客足が遠くなるという課題を解決するためだった。地域誘客のための施策を地元の有志で話し合い、江戸時代から愛されている赤倉の「温泉」そのものを売りにしようという結論に至った。

そのためには、温泉の魅力についてお客様に説明できるスペシャリストを育てることが最も重要だということで、温泉について勉強するために、入浴法や運動生理学を研究している大学の先生に来てもらい、勉強会を開いた。その先生と話をしている中で「温泉ソムリエなんてどう？」という軽い感じで出た言葉がそのままネーミングとして決定した。

こうして2002年に、赤倉温泉の観光協会を中心に温泉ソムリエの制度がスタート。当初は、赤倉温泉の魅力をお客様に伝えることが目的だったので、温泉ソムリエの資格は赤倉温泉の旅館関係者のみが取得できるものだった。

しかし、2005年から勉強会と湯めぐりをセットにした1泊2日の「温泉ソムリエ認定ツアー」によって、一般のお客様にも資格認定が開始されるようになり、そのネーミングの良さも手伝って、温泉ソムリエの資格が広がっていった。あるタレントさんから、「温泉ソムリエを取得したいが、1泊2日のスケジュールがとれない」という相談があったという。そういった温泉好きなお客様のために、温泉に入ることがセットでなくても「温泉ソムリエ」を取得できるようにすることで、赤倉温泉をはじめ、温泉業界全体の活性化にもつながると考え、2008年から東京などに出向き「温泉ソムリエ認定セミナー」を開始した。

これまでは、温泉の泉質、景観の良さや広さなど、いわば温泉のハード面の訴求をする温泉地や温泉宿が多かっ

200年続く遠間旅館の「6代目主人」として経営に携わる

たが、温泉に入浴するためのソフト面も伝えることが重要だと遠間さんは考えた。

すなわち、正しい入浴法をしっかり訴求することで温泉入浴時の効果が格段に上がり、また高齢者などの場合は、入浴中の事故が防げるという多くの利点がある。それが、赤倉温泉の差別化につながると考えた。温泉の泉質や効能などの知識と入浴法というそれを最大限活かす技術（入浴法）、その両方が備わって最高の温泉入浴体験になるというわけである。そうすると、「いいお湯だったね！」という言葉が、「やっぱり、いいお湯だったね！」という納得と感動の言葉になるという。人はワインと同じように、頭でも温泉を味わっているのだ。

遠間さんは、『温泉ソムリエが教える 妙高高原温泉郷の魅力』という冊子をつくり、赤倉温泉の旅館のほぼ全客室に置いた。捨てられないパンフレットをつくろうということで考えたというが、144ページもあり、その情報量は半端ではない。当初はもっと薄かったらしいが、だんだん分厚くなった。そこには、「妙高高原温泉郷の魅力」「赤倉温泉の魅力（温泉編・歴史編）」からはじまり、「妙高高原の各温泉の魅力」「各市・地域の見どころ」「温泉の基礎知識」「正しい入浴法」ほか、章ごとに「スキーのワンポイントレッスン」などのコラムがあり、最後には「温泉分析書」までついている。この1冊で地域博士になり、温泉ソムリエにもなれるほど充実している。このやり過ぎ感（熱意）が、お客様の心にも刺さり、ファンをつくるのだろう。

温泉ソムリエたちとつくるムーブメント

2008年に温泉ソムリエの運営を赤倉温泉観光協会から温泉ソムリエ協会

に移行するが、その後「3つ星制度」を導入し、「温泉ソムリエマスター」などのライセンスを用意した。

「3つ星温泉ソムリエ」には「カリスマ温泉ソムリエ」の称号を与えるなど、さまざまなステップアップライセンスを展

2002年、赤倉温泉で温泉ソムリエ制度を発足。温泉ソムリエ認定セミナーは、2008年からスタートした

開する。

また、「温泉ビューティ&ダイエット温泉ソムリエ」や「温泉ソムリエ温泉分析マスター」の認定、「在宅温泉ソムリエ認定制度」を開始。2012年にはステップアップ制度を改定し、「4つ星温泉ソムリエ（温泉ソムリエ師範）」は温泉認定セミナーを主催できる権利が得られるようにし、最高位に「5つ星温泉ソムリエ（温泉ソムリエ家元）」を設定した。

さらに、これまで試験はなかったが10周年を記念して「温泉ソムリエ検定」試験を実施、2019年には、「温泉ソムリエ地域活性化マスター」の認定セミナーも開始した。こうした取り組みもあって、2021年3月31日現在、温泉ソムリエ認定者は、2万253人にもなっている。

当初は遠間さんひとりでセミナーを開催していたが、それではセミナーを開催する回数も限られてしまう。温泉ソムリエをより多くの人に広げるために温泉ソムリエに「師範」という制度をつくった。人数が多くなれば、また新たな世界が開けてくるからだと遠間さんはいう。私の手元にある遠間さんからいただいた資料に〝温泉ソムリエの効果〟としては、

①お客様に温泉の良さをお伝えすることができ、温泉そのものの評価が高まった

②無料の宣伝効果

③一般客の温泉ソムリエによる口コミ効果

とある。

また、赤倉温泉の各宿でその制度を活かし、誘客につなげている。温泉宿では「温泉ソムリエ認定ツアー」を利用し、「旅行代金で資格がとれる」を謳《うた》い文句にしたことで多くのお客様が集まり、旅館の単価は2倍以上になった。また、温泉ソムリエ発祥の地としての位置づけは、赤倉温泉のブランド力向上に

も寄与している。

そして、もうひとつの大きな効果が、温泉ソムリエ同士のネットワークやコミュニティが生まれたことであろう。温泉ソムリエたちはＳＮＳで情報交換をしたり、オフ会を開催するなど温泉ソムリエ同士の交流が非常に活発に行われている。まさに、ＳＮＳが普及したこの時代だからこその展開であり、オンでは情報交換や情報拡散、オフでは実際に集合して温泉やお酒を楽しむなど、現代社会で失われている「人と人とのつながりをつくっている」ことも大きな効果として特筆できる。

大人数でのオフ会で温泉地を訪ねれば、その地域の活性化にもつながる。温泉ソムリエの集客においても、ホームページを核としてブログ、そしてフェイスブック、ツイッターなどのＳＮＳを活用し、最終的にメールマガジン登録に誘導して、温泉ソムリエ認定希望者をとりまとめているという。

温泉に入るという超アナログな体験をＳＮＳというデジタルな機能で拡散し、多くの人を集めている。温泉ソムリエの認証をすることで、目標と達成感が生まれ、温泉の楽しみ方も倍化する。

温泉という奇跡

１００年前、２００年前に降った雨が地中に染み込み伏流水《ふくりゅうすい》となり、マグマで温められて温泉となって湧き出す。現代人は温泉に入ることによって、その自然の営みを体験する。まさにそれは奇跡的な素晴らしい体験ではないか、と遠間さんはいう。「一番いい温泉の条件とは何ですか？」と質問したら、彼は微笑みながらこう答えた。「自分にもっとも合う温泉です」と。温泉にはさまざまなタイプ（泉質）や条件のものがあるが、入浴したその時に自分が最高

赤倉温泉野天風呂「滝の湯」。泉質は硫酸塩・炭酸水素塩泉で、「美肌の湯」として人気がある

に気持ちよくなれるものがいい温泉だということだ。人はその日の体調や気分、あるいは目的によって気持ちいいと感じる要因も異なる。それぞれにとってのベストをつくればいい。

「遠間さんにとって温泉って何ですか?」と、ひと言ではなかなか答えづらい質問をしてみた。すると間髪を入れずに「時空を超えて、何かをいろいろ感じ取ることのできるもの」とスケールの大きな答えを返してくれた。温泉という奇跡を知り、入浴法をマスターすることで、その体験は一層有効かつ感慨深いものとなるはずだ。

妄想とマーケティング

遠間さんが温泉ソムリエの活動をしてきた中で感じてきたことに関して、資料では「好きなことでないと成功できないが、やらなければならないこともしないとチャンスを見逃す」と記述している。経営コンサルティング会社を辞めて6代目として温泉宿を継ぎ、有志ではじめた赤倉温泉の活性化施策を行う際、他の人が担当だったテキスト作成が全然進んでいなかったのを自ら引き受けて進めたことが結果として、温泉ソムリエの事業につながった。その時々に自分が直面している問題（やるべきこと）を解決するために最大限努力することが、次の新たな機会につながる絶好機だという意味だろう。

遠間さんは最初から狙っていまの事業をはじめたわけではない。気づいてみたら1周遅れで先頭に立っていたそうだ。遠間さんはこれを「周回遅れの1位」という。源泉かけ流しの湯がある温泉宿に生まれ、経営コンサルタントをやり、宿の経営者になり、地域活性と温泉の振興と、これまで経験してきたことがまるで最初から仕組まれているように現在につながっているように感じると語る。

しかし、実は自然な流れをつくっているのは、遠間さん自身の確かなマーケティング知識と時代の空気を読む力にある。遠間さんは「流れのままにやってきたらこうなった」と話すが、それは表向きの言葉で、実はすべてをわかったうえでチャレンジしているのだろう。自分の目の前にある現実に真摯《しんし》に向き合いながら、温泉に時空を超えたロマンを感じる。妄想をマーケティングする人である。

■イノベーションの視点

「ストーリー消費」と「自分ごと化」

地域ブランドづくりでは、まず地域が訴求するコンセプトの作成を行うが、その際のポイントは、他にはない「地域資産の選定」と「明確な価値の提示」である。また、地域の人々もその価値に共感していることが重要である。

内なる誇りがなければ、他地域の人たちにも訴求できない。地域ブランド形成には、地域資源へのうまい光のあて方と地域への絶えざる過大評価の発信が重要である。そして、資源そのものからストーリーへの誘導が必要である。

遠間さんは、温泉という「モノ」を徹底的に深く掘り、それを知識や入浴作法という「コト」に昇華《しょうか》している。さらに、認定制度により温泉を継続的に「自分ごと化」するとともに、温泉好きのコミュニティをつくり、そこからコミュニケーション展開を行っている。まさに、ファンベースのマーケティングを実行している。

「マズローの欲求5段階説」という、アメリカの心理学者のアブラハム・マズローが人間の欲求を5段階の階層で理論化したものがある。一番根底にあるのは「生理的欲求」、その次に「安全への欲求」、そして「社会的欲求／所属と愛の欲求」、その上に「承認（尊重）の欲求」があり、そして一番上に「自己実

図表1　マズローの欲求の階層

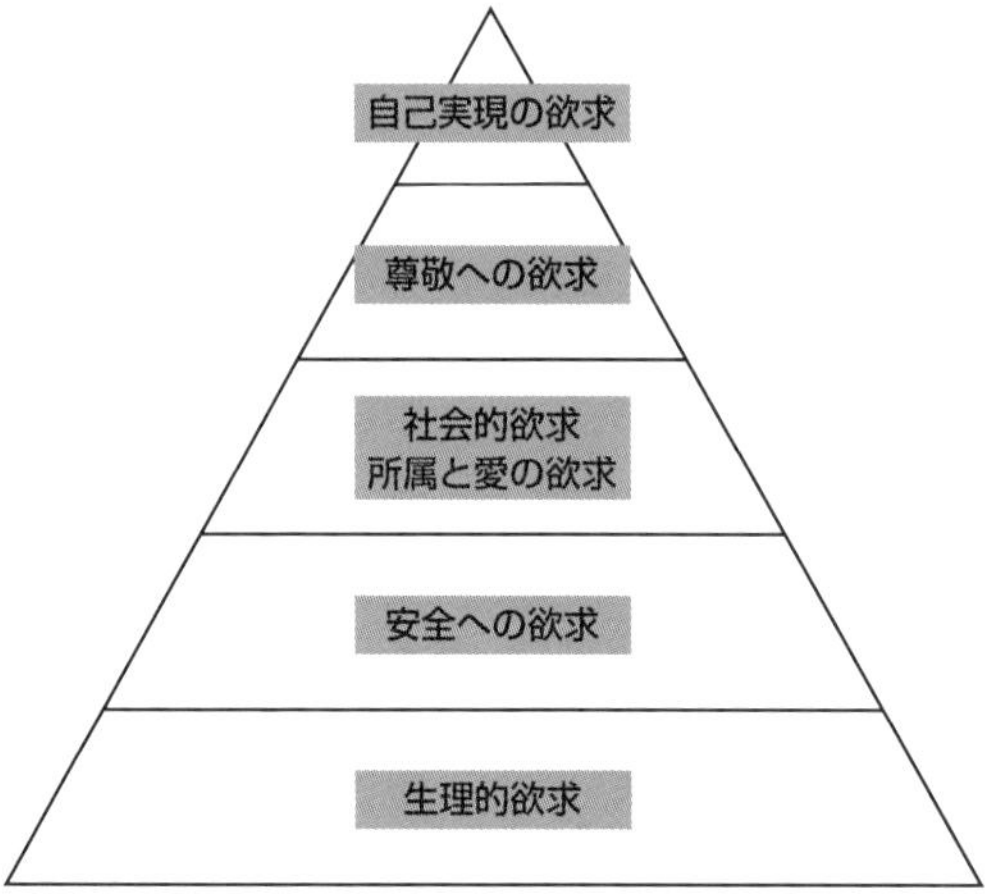

出典：A.H. マズロー著、金井壽宏監訳、大川修二訳『完全なる経営』日本経済新聞出版社（2001）をベースに著者加工

現の欲求」がある。

この理論にあてはめても、「最初に温泉に入る」という生理的に気持ちのいい体験があるが、温泉ソムリエ制度によって、3番目の「人にも伝えたい」という欲求や、「温泉好き」なう仲間とのコミュニティという所属と愛の欲求が満たされ、さらにマイスター制度によって、もっと上に行き

たいという差別化（尊敬）欲求まで生み出している。そして、達人ともなれば、温泉に入ることで自己実現の欲求まで満たされたと感じることだろう。
遠間さんの活動は、ブランド形成の理論とコミュニティ形成によるファンベースの情報拡散、モノを「自分ごと化」するマーケティング理論に則りながら、事業を実践している点が見事である。

〔岩崎教授から、もう一言〕

読者の中にも、親から受け継いだ事業やお店を守らなければならない人がいるかもしれない。かくいう私も群馬の酒屋の3代目として生まれ、しかも店じまいをしてしまったので、家業を継ぐ難しさはよくわかる。遠間さんのように6代も続く老舗であれば、そのプレッシャーは、さぞ大きかっただろう。しかし、前述したように遠間さんは、家業である温泉をベースにして、さまざまな

図表2　業界の競争を規定する5つの要因（5フォース）

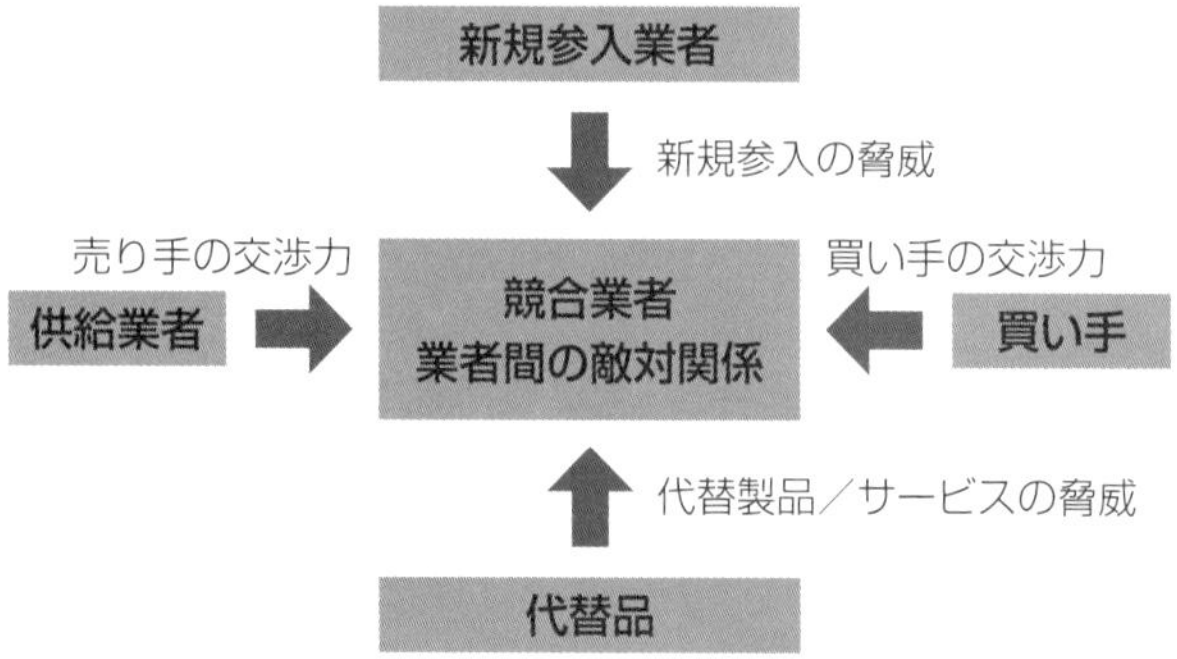

出典：マイケル・E・ポーター（著）『新訂 競争の戦略』ダイヤモンド社 1995
をベースに著者加工

事業展開を行っている。それも楽しみながら。

受け継いだ資産をどう展開するかというときに、市場や競合などを検証し、それが現代にマッチしているかを考えなければならない。その時に、経営戦略論の大家、マイケル・E・ポーターの『競争の戦略』（ダイヤモンド社1995）の考え方が参考になる。ポーターは「事業の収益性」を左右するのは、市場に存在する5つの競争のフォースだとしている。

この「5つのフォース」とは、次の通りである。

・「新規参入の脅威」：利益率が高く、参入障壁が低い市場であれば新規参入者は多くなり、競争は激化し、収益率は低くなる。また、既存の業者が新規参入者にどれくらいの反撃を起こすかを予測することも重要となる。

・「代替製品／サービスの脅威」：市場に代替可能性の高い製品が存在し、その費用対効果が高ければ、市場は侵食され収益にも影響する。

・「仕入れ業者や消費者の交渉力」：買い手である仕入れ業者や消費者の力が強ければ、メーカーに価格引き下げや品質向上を要求しやすくなり、メーカー側の利益を圧迫する要因になる。

・「納入業者の交渉力」：部品や原料の納入業者の力が強ければ、メーカーは高値で部品や原料を仕入れなければならず、収益を圧迫する。

・「ライバルとの競合関係」：市場の競争のフォースを理解した上で、自社をどこにポジショニングするかを戦略的に考える。

5フォース戦略の要旨を紹介したが、変わりやすい市場環境の中で、これまで継続してきた事業を時代の中でマッチさせ、生活者にとってなくてはならない製品やサービスとして存在させていくのは容易なことではない。継いできたものを残すという発想ではなく、常に新規事業を立ち上げる挑戦者のスタンスで市場に立ち向かうしかない。

そう考えると事業を続けることは、市場に挑み続けることであり、冒険に似ている。世界7大陸を日本人で最初に制覇し、80歳になってエベレストの登頂に成功した三《み》浦《うら》雄《ゆう》一郎《いちろう》さんは、まさに永遠の挑戦者だ。かつて、三浦さんに取材したことがある。「冒険を成功させる秘訣はなんですか?」と聞いたら、「気力、体力、マテリアル（装備・道具）」という言葉が返ってきた。気力と体力は、お互いに支え合うもので、どちらか一方ではだめだ。そして、地域の自然・状況に応じた完璧な装備がなければ、挑戦への成功は叶《かな》わない。そして、三浦さんは「地球が、僕の遊び場です」と言った。

挑むも勇気、退くも勇気、大きく構えて生きよう。

■読んでほしい本■

マイケル・E・ポーター著、土岐坤 中辻萬治 服部照夫訳『新訂 競争の戦略』ダイヤモンド社（1995）

クリエイター

chapter 3

情動の中にこそ、イノベーションがある

クリエイティブファシリテーター

山《やま》田《だ》夏《なつ》子《こ》

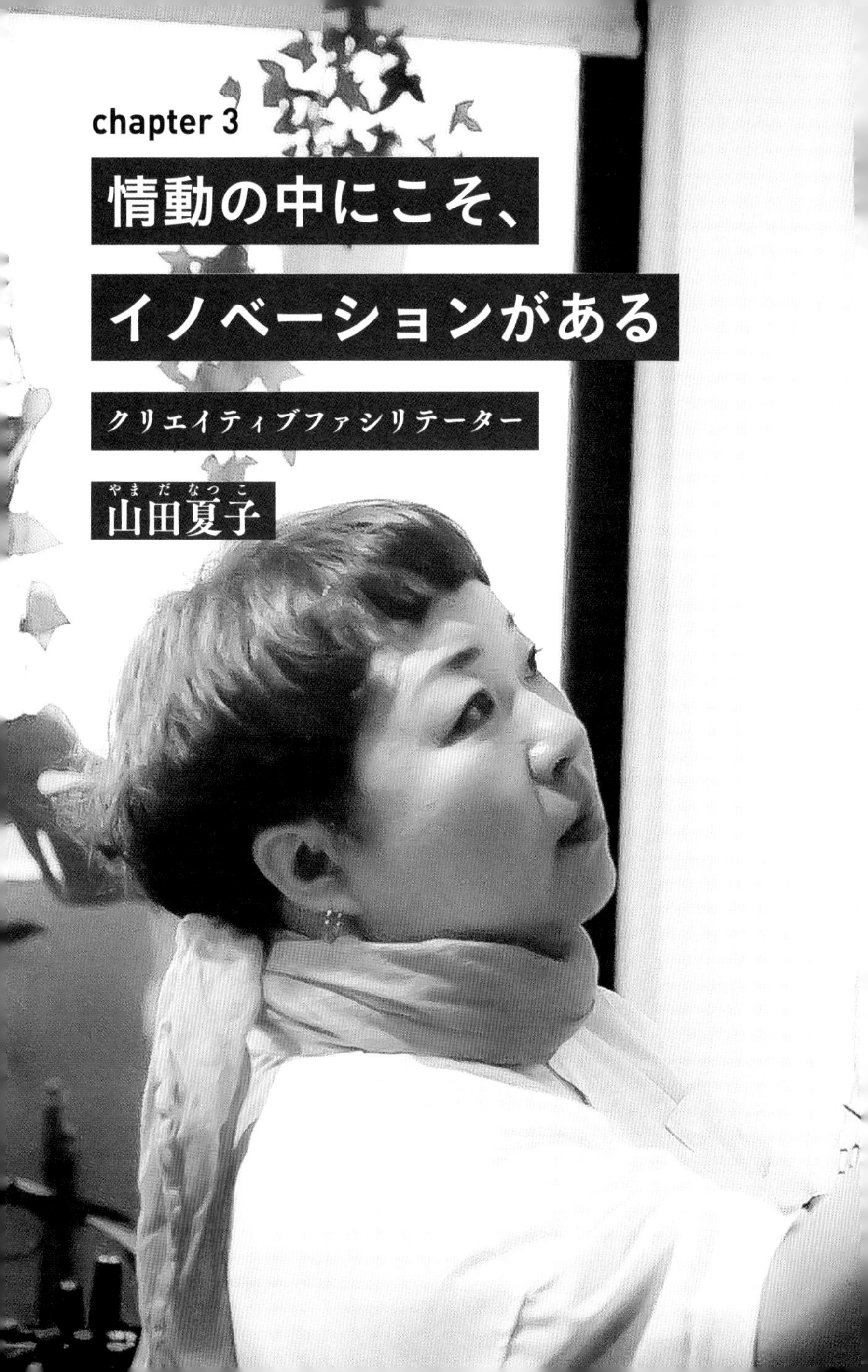

グラフィックファシリテーションは、「まだ、自分の意識に上がっていないが、心の奥で見られたがっているもの」を引きだす作業だという。人が本来持っているクリエイティブな能力が、会社での立場や責任、目先の利益のためにかき消されている。
山田さんの目は、そんな閉じた心を許さない。「気になっているもの。これをやりたいと湧き上がってくるもの。やむにやまれぬ切実な欲求からしか、イノベーションは生まれない」と山田さんは言った。

プロフィール

株式会社しごと総合研究所代表取締役、一般社団法人グラフィックファシリテーション協会代表理事、システムコーチ／クリエイティブファシリテーター。
武蔵野美術大学造形学部卒業。クリエイターの養成学校を運営する株式会社バンタンにて、スクールディレクター、ヘア＆メイクスクール館長を歴任し、その後、人事部教育責任者として社員・講師教育、人事制度改革に従事。さらに、同社にて人材ビジネス部門の立ち上げ、キャリアカウンセラーとして活動した。その後独立し、２０

08年に株式会社しごと総合研究所を設立。

「グラフィックファシリテーション」とは何か

いま、企業活動をスムーズに運ぶために、戦略会議などのかじ取りを行う「ファシリテーション（facilitation）」の需要が高まっている。大手広告会社やコンサルティング会社などでは、企業のファシリテーションを請け負い、企業の抱えている問題や事業計画推進のための解決の糸口や切り口の発見へと導く重要な役割を担っている。

山田夏子さんは、単なる「ファシリテーション」ではなく、「グラフィックファシリテーション」という新たなジャンルをつくり、企業研修や企業戦略へと活かす展開をしている。NHK総合テレビ「週刊ニュース深読み」や「クローズアップ現代＋」などのテレビ番組でも、グラフィックファシリテーションを行ってきた。

なぜ、「グラフィック」とあえてつけているのか。通常の「ファシリテーション」でも、ビジュアルを使うことは多いが、それをさらにビジュアル化して見せることで、これまでのやり方以上の効果を狙っているからだ。山田さんのしごと総合研究所のオフィシャルホームページでは、ふたつの特徴的な働きについて次のように説明する。

「ひとつは『活性化』の働き。グラフィックは人の感性にダイレクトに働きかけます。心を動かし、共感を生み、その結果として対話がはずむ、アイデアが湧いてくる、といった効果があります。そして、もうひとつは『主体性の回復』です」

決められたフレームワークといった堅苦しい枠組みの中では、自由に発想や発信ができない空気がつくられる。しかし、「会議やワークショップなどで話される内容をグラフィックを使いながら、リアルタイムに『見える化』していくことで、場を活性化させ、議論を深め、共感や相互理解をうながすことができる」。

　また、「ダイナミックな〝拡散〟と、参加者による主体的な〝収束〟を繰り返しながら、より創造的で生産性の高い場へと変化していく」ことが、グラフィックを使ったファシリテーシ

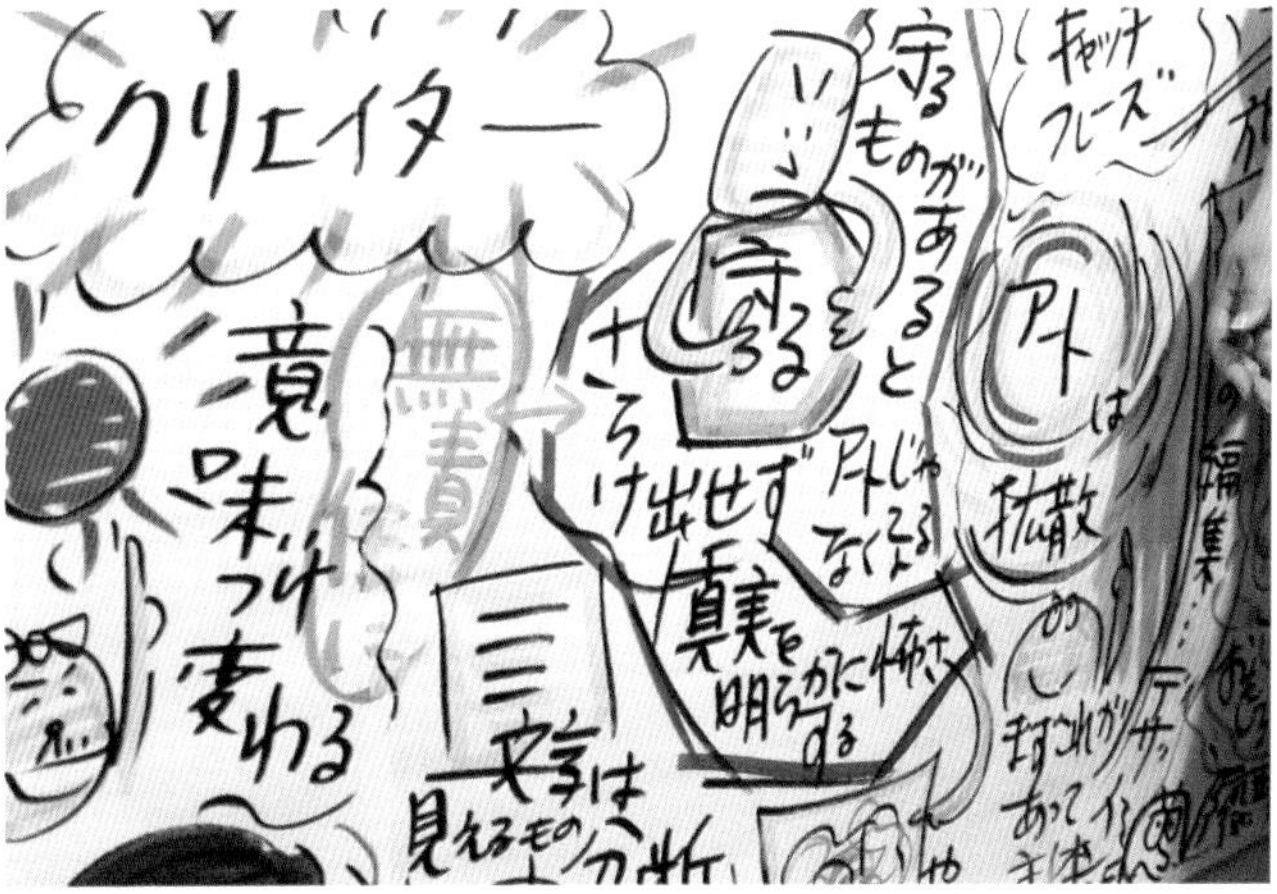

ビジュアル化では、「きれいに整理して描くのではなく、語り手の想いを浮がびあがらせることが大切」だと山田さんは話す

ョンの特徴であり、効果としてあるという。枠にとらわれず自由に発想して意見を出し合い、それを具体的な提案のカタチへと収束させ、それを繰り返すことでクリエイティブかつ実効性の高い企画になるというのである。

具体的には、「語る⇒画《え》にする⇒みんなで眺める⇒それぞれに書き込んでもらう⇒もう一度対話する⇒重要なポイントを抽出する⇒収束させる」、という過程で行われる。そのサイクルをグラフィック（アート）が促進する。山田さんは、アートに対する限りない可能性を感じているのであろう。

人と人との関係性と感性教育の重要性

山田さんは、株式会社バンタンでヘア&メイクスクールの館長を歴任した後、会社を辞め、株式会社しごと総合研究所を立ち上げる。一人ひとりの能力を高める研修やセミナーなどと同時に、組織の人間関係やチームのあり方にアプローチする「組織開発」（チームビルディングや風土改革など）にも力を入れている。

当時、バンタンでは、学校スタッフの関係性が生徒のパフォーマンスに影響することを実感したという。担任教師をしていた当時、生徒たちの技術的な能力が高かった分、社会に出たあと、コミュニケーションや伝え方の部分で、彼ら彼女らが損をすることがあってはもったいないと感じたと話す。そのためには、新人教師でも、ときには厳しく生徒に接しなければいけないこともあった。個々人の能力はもちろん重要だが、その関係性が仕事のパフォーマンスを上げることを伝えたかったからだ。

現在、バンタンは、ファッション、ヘアメイク、ビューティ、グラフィックデザイン、映画・映像、ゲーム、アニメ、パティシエ、カフェ、プログラミン

株式会社バンタンにて。Vantan（バンタン）（http://www.vantan.jp/）は、1965年創立。「世界で一番、社会に近いスクールを創る」をビジョンとし、現役で活躍する講師による授業、長期インターン、産学協同プロジェクトなどによる実践スクール事業を行っている（東京・大阪・名古屋）。

グ、エンターテインメント領域のクリエイター、インフルエンサー、プロデューサーなどの分野で事業を展開している。これまでに19万人以上（2021年5月現在）の卒業生を輩出している。

また、山田さんは、組織という器を整えても、受け入れ側の空気が変わらなければ成果は上がらない。その両方が揃ってこそ、いい人材が育つ環境になるという。そういったこれまでの体験を踏まえて、さまざまなセミナーや研修も揃えている。

また、「人は体験したことからしか物事は理解できない」と山田さんが話すように、頭で理解したことは、本当の理解ではないということだ。そこで、「感性開発」に力を入れる。物事は、「何を感じているか」からはじまる。言葉はかえってその感性の向かわせる方向の邪魔をする。物事が進化していくためには、創造と破壊が重要だが、多くの場合、「破壊」はこれまでの枠に捉われない女性がしていることが多いのではないかという。理性は時に、感性によって導かれた道に立ちはだかり、進むスピードを鈍らせる。

理性や理論が重視されてきた時代が、行き詰まりを見せる昨今、「やっと時代が追いついてきた」と山田さんは考える。最近開発された「レゴ」を活用するレゴエデュケーションなど、自ら発想する能力を養う教育も盛んになっている。教育は、頭で考えることが優先されがちだが、「感性開発」がいまこそ重要で、何を感じているかが出発点となって、新たな発想やイノベーションがはじまるのではないかと考えている。

よい結果を出すためには、たくさん案を出し、その中から集約していくことが重要である。少ないアウトプットからは、精度の高いアイデアは結実しない。まさに、量は質に転化するということだ。その良い結果を出すための加速を促してくれるのがアートだ。グラフィックファシリテーションの良さもそこ

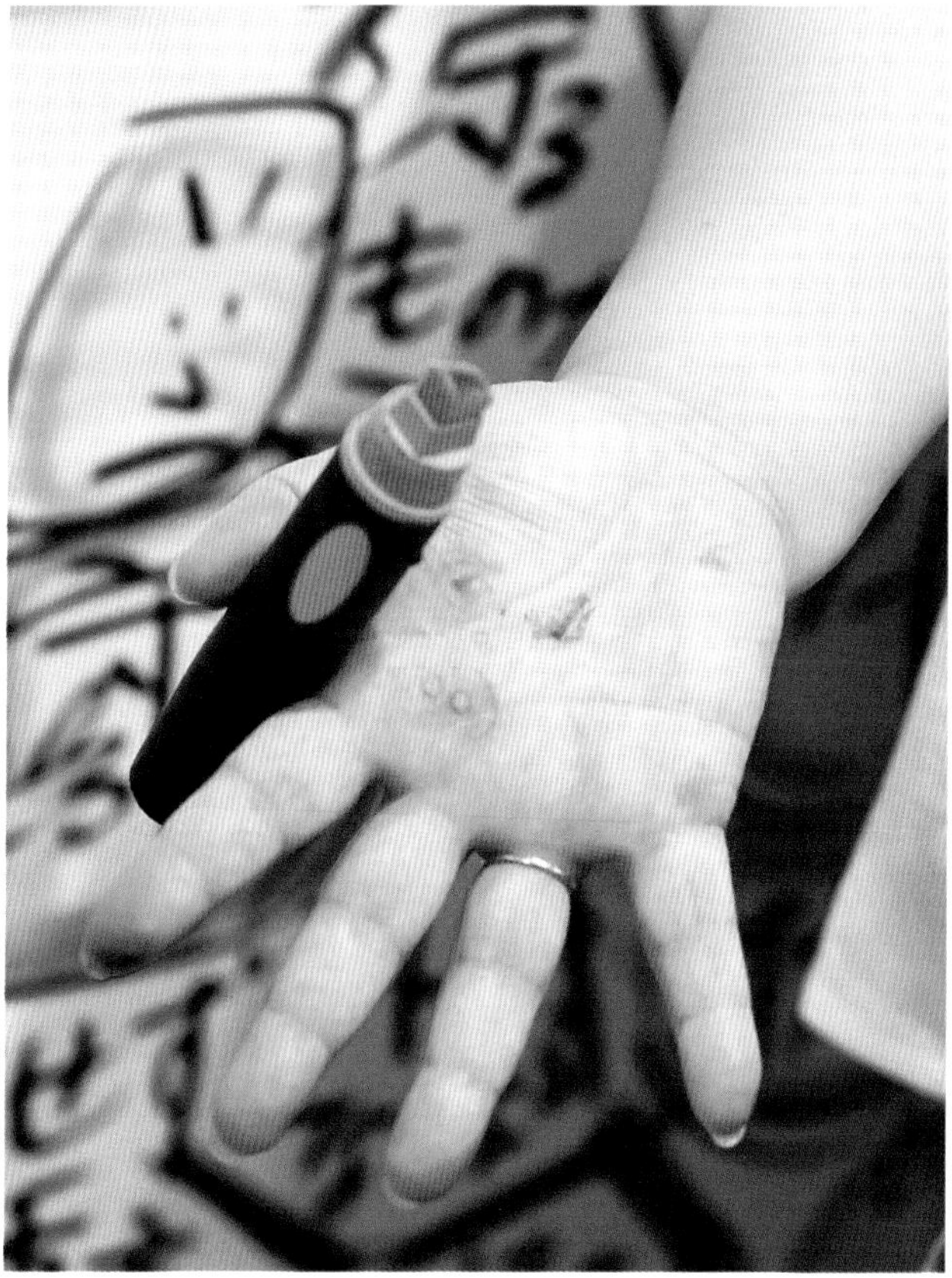

山田さんは話し手たちの考えや思い一つひとつを丁寧に、この手で「見える化」していく

にある。感じたままを語ってもらうと、どんどん意見は出るが、考えてしまうと言葉に発することができなくなる。最近のビジネスパーソンは、早く結果を求める人が多いが、いきなり収束を求めるのではなく、まずは手段を目的化することが重要だ。なぜ、それを目指すのかという本質のところをみんなで把握していることが、企業活動において重要である、と山田さんは考えている。

「かつお節」に日本人のすごさを見る

突然、山田さんは「かつお節って、すごくないですか」と言った。「なぜ？」と聞いたら、まずは、かつお節という食べ物をつくったこと。それをおいしいところまで進化させたこと。そして、そのうまさの状態を音で感知する職人技だと答えてくれた。食事のたびに鉋《かんな》で削り、その中に閉じ込められたおいしさを呼び覚ます。そして、その中に詰まったおいしさと栄養素を時間をかけて消費していく。その伝統と職人技が好きなのだ。時間の中で育まれ、完成されていくものに美を見いだしている。

強引に結びつける感じになるかもしれないが、最近、多くの人たちは性急に結果を求められている。長期の時間をかけて達成されるものを要求される機会が少ない。企業も四半期決算の中で、短期での成果を求められる。そんな中で、その企業で働くことの誇りや個人の幸せ、自己実現などの本質的な目的のために働く人が少なくなっている。日々どれほど充実した時間を過ごすかといった時間密度の濃さや、その一日がどれほど味わい深かったかという実感や納得感、そういったものが重要だと思う。しかし、ノルマという単なる数字を求めようとする現在の風潮に、山田さんの「かつお節」発言は警鐘を発しているように感じた。

イノベーションの視点　「プロセス指向」。問題の本質を引っ張り出す

山田さんは取材の中で、影響されたというプロセス指向心理学のアーノルド・ミンデルの話をしてくれた。山田さん曰く、「現実として意識しているもの」と「現実だが意識していないもの」の両立が重要だという。

会議などで物事を決定する際には、人の意識は社会レベルの高いところから、個人レベルの低いところまでさまざまなレベルを行ったり、来たりする。現実レベルの目に見える（意識できる）数字や実績、個人の思い込みや自分の部署の思惑などで意思決定をしてしまうと、企業にとって本当に解決すべき問題や進むべき道を見誤《みあやま》ることになる。

そうではなく、エッセンスレベルのまだ見ぬ本質（意識していないもの）を引っ張り出し、課題や目標を勘案しながら結実させることが会議や議論の本来

の目的だ。現在は、短期的な対処療法を繰り返す企業が多いが、新たな発想を生むサステナブルな企業へと転換するためには、本質からの改革が必要になる。自分たちはどんな企業で、誰のために存在するのか、誰を幸せにするために存在するのかを確認し、その目的に向かって進む。グラフィックファシリテーションは、その道筋を見せてくれる。

〔岩崎教授から、もう一言〕

山田さんの「まだ、自分の意識に上がっていないが、心の奥で見られたがっているものを引きだす」という言葉は心に刺さる。あなたにも、きっとそんな思いがあるはずだ。それは、自分でいつかはやってみたいと思っていた夢や強い想いである。

しかし、いまの生活のために、家族のために、あるいは変えたくない何かのために、心の中にある想いを表面に浮上させないように閉じ込めてきた。まだ自信がない。まだその時じゃない。まだ資金が足りない、さまざまな理由をつけて後回しにしてきたあなたの本当の思いが、窒息してしまわないうちに表に出そう。少しずつでいい、小さく産んで、大きく育てよう。

人が行動するときには、必ず何らかの「コスト」がかかる。日常生活でも旅行でも分析してみると、その大小はあるが何らかのコストがかかっている。それは、「金銭的コスト」「肉体的コスト」「時間的コスト」「頭脳的コスト」「精神的コスト」である。そのどれかの場合もあれば、すべての場合もある。人はそれをいまの自分の状況と照らし合わせて、行動を選択している。

いますぐ行動しようとか、もう少し待とうとか、この事業では肉体的につらいとか理由はさまざまだが、本当に自分がやりたいこと、やらなければならないことに対しては、覚悟を決めて計画をたて行動を起こす必要がある。

流行語大賞を受賞した「いつやるか？　今でしょ！」の精神も重要だ。それぞれの事情があるので行動を起こすタイミングは異なるが、いつまでも「今じゃない」といい訳をして、最後まで行動しない人もいる。それほど切実な夢（思い）ではなかったのだろう。

人生をどう捉えるかは人それぞれだが、自分の人生に語れる山や谷があってもいい。私の場合は、2度の転職をしている。終身雇用が当然の時代の最後あたりの世代だが、「今がタイミングだ」と思った時には、親や家族が反対しようが次のところにジャンプした。決断するまでは不安もあり、試行錯誤もしたが、決めたら迷いはなく、ポジティブなことしか考えなかった。準備、タイミング、決意。そんな3点セットを携えて自分が生ききった証をつくればいい。

■読んでほしい書籍■

アーノルド・ミンデル著 高岡よし子ほか訳『プロセス指向心理学』春秋社（1996）

MAHA

chapter 4

三陸のほやおやじ

三陸オーシャン代表取締役

木《き》村《むら》達《たつ》男《お》

木村さんは、「三陸のほやおやじ」と呼ばれている。生まれ育った牡《お》鹿町《しかちょう》（現石巻市）は、ほやの名産地だった。そこに使命を感じ、当時嫌われものだった「ほや」を会社の中心商品と決めた。

そして、周りが何を言おうが、その事業の推進に身を捧げ邁進した。朝から晩まで、木村さんの頭の中は「ほや、ほや、ほや、ほや」である。

プロフィール

株式会社三陸オーシャン代表取締役（水産加工・販売、宮城県仙台市）。

拓殖大学卒業後、生命保険会社に30年勤務し、その後「ほや」の可能性を信じ、53歳で起業した。宮城の特産品であるが、嗜好性が強く、多くの人に嫌われる食材である「ほや」を加工・商品開発することで、そのおいしさを広めた。ほや食堂も開設し、さまざまなほや料理の可能性とおいしさを発信し続けている。２０１８年には「ぷち焼きほや」が水産庁長官賞、２０１９年には「ほやチーズ」が宮城県商工会議所連合会会長賞を受賞。

嫌われものに可能性を見る

木村さんは、52歳で30年勤めた生命保険会社を退職したが、辞める前はいろいろ考えたそうだ。会社人としての先も見えたし、娘さんも学校を卒業し、これからも我慢して会社に勤める必要があるのかと。この先の人生における自分の生きる意味を探していた。もともと食いしん坊で、次は食の仕事をしようと思っていた。退職後、長野に住む信頼できる方に、魚を扱う事業をやりたいと相談したところ、50歳を過ぎてから漁業界に入るのはあまりにも危険だと言われた。

しかし、その後「三陸には、ほやがある。生では食されているが、嗜好性が強く、嫌う人も多くあまり出回っていない」というアドバイスをもらった。以前から故郷の宮城には、おいしい食材がたくさんあると感じていたこともあり、それを実感するためにも実際に食べ歩いてみようと思い立った。そしてその翌日、木村さんは、気仙沼から八戸への2泊3日のオートバイでの旅に出た。いろいろ食べ、調べてみるとやはり海産物は素晴らしかった。しかし、加工品などは無造作に売られていた。ほやに関してはひものはあるが、どの店にもその他の加工品はなかった。

　家族を含め反対する人も多かったが、三陸の美味しい海産物を多くの人に味わってほしい、地域や仲間と喜びを分かち合える仕事がしたいと、53歳の時、株式会社三陸オーシャンを設立し、三陸の水産物の加工・販売を開始した。

　そこで、三陸の特産「ほや」に照準を当て、脇目も振らずにほやの製品開発に打ち込んだ。ほやは鮮度が命である。早朝から港に仕入れに出かけ、すぐに皮むきなど下処理をほどこし、冷凍し鮮度を保つ。そうしないとすぐいやな匂

宮城県石巻市「前網浜《まえあみはま》」でのほや漁

いがしはじめる。嫌われているほやを事業の中心にすること自体、採算がとれるのかという大きな不安もある。これまで、誰もほやを事業の中心にして起業しようなどと考えた者はいない。

しかし、木村さんは、そこに自分が入り込む余地があると考えた。木村さんにとっての「ブルーオーシャン」（競争のない世界）は、ほやの商品化だった。

「愛」と「使命」。「ほや」こそ、一番商品

「故郷が誇るほやの魅力を知ってほしい」と覚悟して立ち上げた事業であるが、やはり苦しいことは多かったと語る。しかし、木村さんは、これまで失敗は一度もしていないという。なぜなら、いろいろチャレンジしてきたが、その時はダメでも途中であきらめていないからだとはっきりと言い切る。失敗とい

う結果は、やめたところで出る。どんなに苦しくても継続している以上、発展途上である。

木村さんは、ほやが全国に広がらないのは生食中心で加工品が少なく、そのため多くの人が接する機会が少ないせいではないかと考えた。ここでも即行動。さっそく石巻の水産加工研究所に通い詰め、研究員からアドバイスをもらった。「また来たの?!」と、よく言われたそうだ。「ほやは、生で食べればおいしいのに、あんた何やってんの」という地元の人たちも多くいた。

ほやは「海のパイナップル」とも称され、主に東北や北海道では珍味として酒の肴として食されるが、独特の匂いから一般的にはあまり好まれない。しかし、ほやは5つの味覚（甘味・塩味・酸味・苦味・旨味）が揃っている数少ない食材である。

木村さんは、ほやの水揚げ日本一を誇る石巻の出身であり、本来は滋味《じみ》深く

「失敗という結果」はその行動をやめたところで出る。苦しくても継続していれば、いまだ発展途上だと話す

おいしいほやをメジャーにしたいという思いから、ほやの加工商品を次々に開発・販売していく。

ほや姿焼き、殻付ボイルほや、焼きほやジャーキーなど、10種類を超す商品を展示会や通信販売を介して紹介し、全国に向けて販売していった。

しかし、やっと開発し、うまくいった商品には、他社も商機ありと追随してくる。大手にシェアを奪われ苦しい状況も直面した。それでも、ほやは地域の宝であるという思いと「ほやの仕事で食べていく」という覚悟によって、粘り強くほやの事業を続けていく。木村さんは自らを「ほやおやじ」というが、そこには並々ならぬ覚悟と自負が込められていると感じた。

木村さんに座右の銘はなんですか、と聞いてみた。『継続は力なり』ですかね」と言ったあと、「やめなければ、失敗しないじゃないですか」と言った。誰が何と言おうが「ほや」。木村さんは、ほやという自分の「一番商品」で最後まで勝負する。

そうだ！　食堂をやろう

ほやの商品化も軌道にのり、事業の飛躍の時期に東日本大震災が起こった。

大津波は、漁師たちの船やほやの養殖いかだ、食品加工場など、すべてを呑み込み、事業は壊滅的な痛手を受ける。三陸オーシャンのホームページには「震災でそれまでの加工場が流されてしまい、途方に暮れていました」とある。事業が立ちいかない状況の中で、他の水産加工業の社長さんに助けてもらったり、高速道路のサービスエリアで販売する商品を卸してもらうことで事業を継続することができた。

ほやの在庫も加工商品も、一瞬にして失ってしまった状況下でも、木村さんのほやへの情熱は冷めることなく、その後も販路開拓事業に積極的に参画したり、三陸の水産物販売のために全国の友人に商品のパンフレットを送ったりもした。また、ほや商品の開発にも一層の情熱をそそいだ。ほや岩塩、ほや一夜干し、ほやチェダーチーズ、ほやパウダー、ほや調味料など次々と開発していく。

仙台市内にある「ほやおやじのほやゼミ食堂」にて。１日１組限定で、ほやのフルコースを楽しめる

こうして、ほやの加工品を開発提供する中で、ひとつの思いが生まれたという。ほやの本当の美味しさを知ってもらうために、新鮮なほやを提供できる完全予約制の食堂をつくりたいという思いである。

ほやは、新鮮であれば匂いもなく、たいへんおいしい食材である。それを広く知ってもらいたいというのが、木村さんの次の目標だ。加工品の開発はもとより、全国の料理を食べ歩いてきているので料理にも自信がある。思いついたら、即行動。1日1組限定で最大10名まで、ホームパーティーのようなくつろいだ空間でほやを食べ、ほやの魅力をより深く知ってもらう食堂を自宅内につくった。そして、夏は新鮮な生ほや、その他の季節は冷凍の良いほやを使ったフルコースを提供する。

さらに、商品開発の拠点となる「ほや研究所」も併設した。また、食堂で体験したほやの素晴らしい味と可能性を感じてもらい、ほやファン（伝道師）になってほしいと考えている。一般社団法人ほやほや学会（会長 田山圭子さん／フェイスブックのフォロワー数4000人）と連携。上級ほや伝導師の構想や、ほや業界全体のレベルアップに向けて模索するなど、ほや普及のコミュニティができつつあり、そこにはいろいろな縁が生まれている。

また、木村さんは最後にこんな話を聞かせてくれた。実はほやは、犬や猫にとってもおいしい食材で、いま、着々と商品化に向けてプロジェクトを進めているのだという。木村さんのほやへの思いは、まだまだとどまるところを知らない。

■イノベーションの視点

「隠れた真実の発見」と「顧客の創造」

マーケティング分野でよく語られる2人のセールスマンの話がある。

靴のセールスマンが2人、南洋の孤島を訪れた。島の人たちを見ると、皆が裸足である。そこで1人のセールスマンは、本社に次のような手紙を出した。「えらいところへ来ました。我々にはまったく用のないところです。誰も靴をはいていないんですから」。

ところが、もう1人のセールスマンは、興奮しながら、本社にこんな電報を打った。「すばらしいところです。まだ誰も靴をはいていませんから、いくらでも靴が売れます」。

そこに市場があるかどうかは、起業家あるいはマーケター次第である。ドラッカーは、マーケティングの最大の目的は「顧客の創造」と言ったが、いまそこに顧客がいなければ創ればいい。その製品に可能性があれば、顧客にその良さを訴求し、購入に結びつければいいのだ。

ピーター・ティールは、オンライン決済サービス・PayPalの創業者であり、シリコンバレーでもっとも注目されている起業家、投資家のひとりである。彼の書籍『ZERO to ONE』（NHK出版 2014）において、ゼロから1を生み出すには、「隠れた真実」に気づくこと、さらに、「まずは小さな市場から独占せよ」と記述する。木村さんは、嫌われていたほやの潜在力の高さに気づき、それを事業の中心にすえて事業展開をはじめた。まさに理に叶った起業だったと言える。

しかし、当初のブルーオーシャン（競争のない市場）も、先行者が成功すれば他業者が参入し、レッドオーシャン（競争の激しい市場）になる。事業を継続していくには、絶え間ない製品開発と改善によって先行優位を築くことが重要である。そして、何よりも木村さんには、誰よりも強い「ほや愛」がある。

〔岩崎教授から、もう一言〕

木村さんのように、嫌われ者のほやに魅せられ、それを自分の一番商品として会社を立ち上げるというガッツがある人は、そう多くはない。また、メジャー商品とするには大変な手間と時間と資金がかかる。しかし、インターネットが普及し、ネット取引が気軽に行われるいまの時代では、ニッチであることはかえってメリットにもなる。「クセがすごい」は、褒め言葉である。「出汁《だし》にはまる」「おはぎにはまる」「刀剣にはまる」といった、強いこだわりを持って消費行動が行われる時代になっている。テレビ番組でも「マツコの知らない世界」（ＴＢＳテレビ）や「激レアさんを連れてきた。」（テレビ朝日）など、他の人とは違う経験やある分野に強いこだわりを持って生きてきた人が注目されている。

ＳＮＳの普及によって「映《ば》える」消費が盛んに行われ、「いいね！」という共感が付加されることで消費の原動力になっている。普通のものは映えないし、語るネタにもならない。製品の価値は、「基本的価値（製品の本質的性能やサービス）」と「付加価値（ブランド力や自分の感性や生活のフィット感など情報的なもの）」から成る。さらに、最近ではＳＮＳによる共感などの承認欲求なども製品の価値を左右する。

自分の一番商品を見つけたら、マスメディア中心の時代のような万人受けを最初から狙う必要はない。こだわりを共有できるターゲットと想いを共有すればいい。そこから、さまざまなメディアに広がっていく。インフルエンサー・マーケティング、あるいはアンバサダー・マーケティングなどという。

東京・桜新町駅近くに「タケノとおはぎ」というおはぎ屋があるが、いつも行列ができている。これまでのおはぎの概念からはまったくかけ離れたカラフルでかわいいものだ。自分が食べるのも、もちろんいいが、ちょっとしたおつかいものに最適である。和菓子ジャンルで売れば、当たり前だったかもしれないが、おはぎジャンルで売ったことが成功している。「映える」のである。

そこには違和感があり、物語が発生する。「逆をいく」「ずらす」「足す」「引く」「異常に細部までこだわる」「極大にする」「異常に小さくする」など、人の心をザワつかせ、あるいは心にひっかかるものには、これまでの「これはこういうものだ」という社会通念や自分の中にあるステレオタイプを壊す要素がある。

そこには「物語」や「映え」があり、人に発信したくなる。ただし、許容範囲を外しすぎてはいけない。それをそのジャンルだと認知できなくなってしまうからだ。生物学などでは、それがその分類であると決めることを同定というが、ブランド形成においてもその製品がそのジャンルであることを同定することは重要である。どのジャンルに属するのか、わらないものは認知されず、好意も持たれない。そのジャンルで「目立つ」や「クセがすごい」のナンバーワンになったらいい。「はまる消費」はまだまだ続きそうである。

■読んでほしい本■

ピーター・F・ドラッカー著、上田惇生訳『マネジメント――基本と原則』ダイヤモンド社（2001）

ブレイク・マスターズ著、瀧本哲史序文／関美和訳『ZERO to ONE』NHK出版（2014）

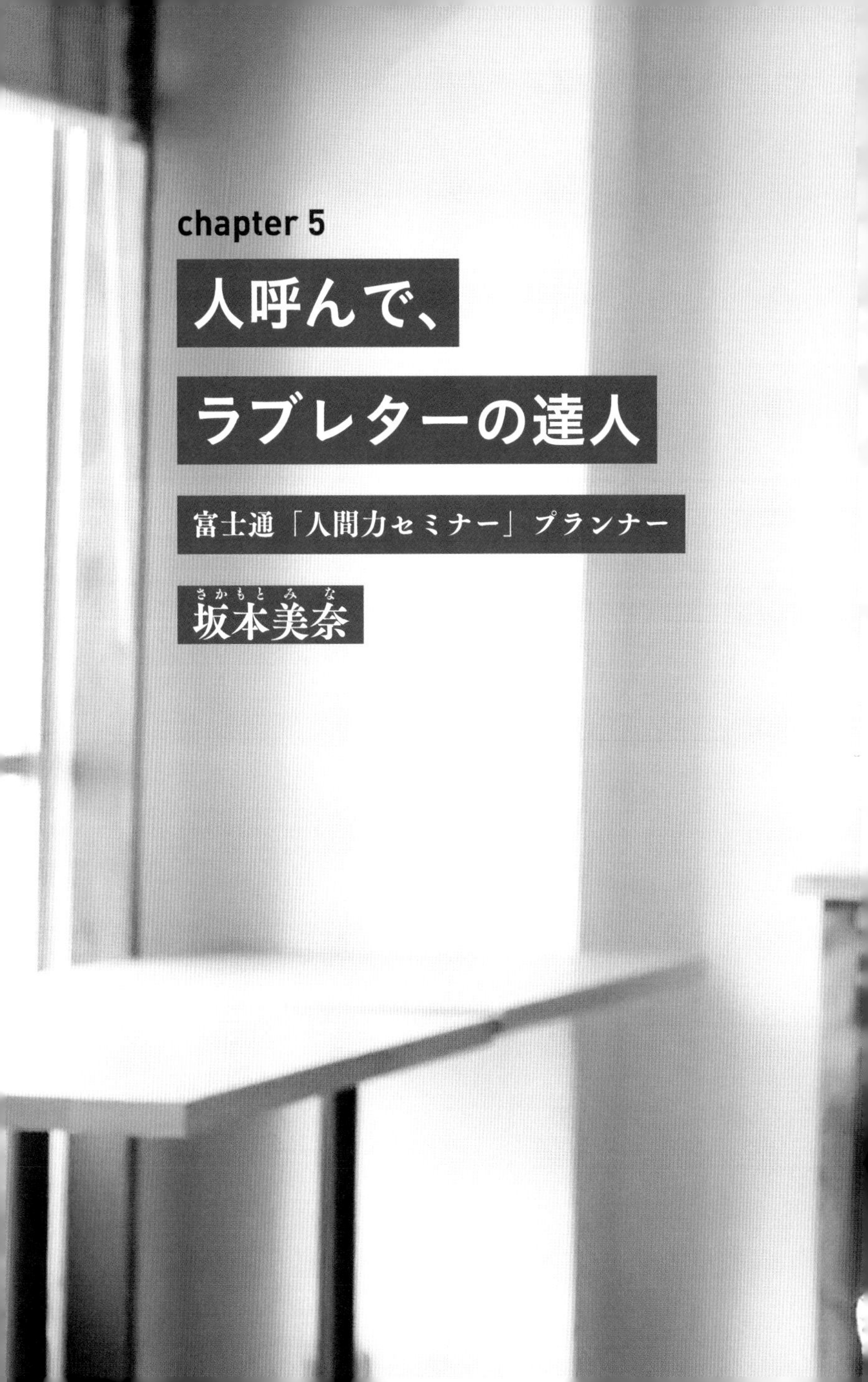

chapter 5

人呼んで、
ラブレターの達人

富士通「人間力セミナー」プランナー

坂本《さかもと》美奈《みな》

「ラブレターを書く極意は、自分の愛情や思いを強く訴えることではなく、それを受け取る人が最もいい気持ちになるポイントを書くことと、心地の良い距離感をわかって書くこと」と坂本さんはいう。

セミナーの先生になってほしい人を見つけて依頼をするところから、セミナーが終了してお礼状を書くまで、ほぼその人のことばかり考えていると笑う。なるほど、「落ちない人」はいないわけだ。

プロフィール

富士通株式会社入社後、富士通経営研修所、ＦＵＪＩＴＳＵユニバーシティ、富士通ラーニングメディアと、入社以来一貫して人材育成部門に従事する。

富士通社員のさまざまな階層別の研修企画・運営を担当した後、２００１年１月より20年目を迎えた現在までに６０１回（うち10回は動画コンテンツ）開催されている「人間力セミナー」を担当した。そのセミナーには、錚々《そうそう》たる人物が講師として登壇している。将棋の羽生善治《はぶよしはる》さんや海洋冒険家の白石康次郎《しらいしこうじろう》さんなど、セミナーに登壇した方たちからの信頼も厚い。また、ピアノを通じて知り合った仲間たちとのコンサートの企画、料理大会への参加・入賞など、趣味の世界でも広く活動している。

つなげる力、つながる魅力

富士通には、「45歳研修」というのがあった。富士通の第8代社長（1976年就任）を務めた小林《こばやし》大祐《たいゆう》さんの発案により、45歳になった社員を集め、約1カ月以上にわたる研修を行っていた。実務やマネジメントなどのスキルの習得と並行して、一般教養や人間力を学ぶものだった。

管理職になれば、自ら動かなくても仕事は回る。また、そういう組織でなければ、サステナブル（持続可能）にはならないことをわかってもらう意図が社長にはあったという。坂本さんも研修に関わっていたが、そういった人間力を高める研修は、企業にとって非常に重要なものと感じていた。事実、その研修を受けた坂本さんの元上司は現在、「中島羽笛《なかじまうてき》」の名前で活動しており、絵画で個展を開いている。最近はエッセイでも賞をとり、俳優の森山未來《もりやまみらい》さんが朗読をした。しかし、「45歳研修」は1994年に終了した。研修のような短期的に収益を生まない施策は、トップが変わればなくなることはよくあることだ。

2002年の4月1日に富士通では、「FUJITSUユニバーシティ」の設立を決定した。富士通のオフィシャルホームページによると、その設立趣意を次のように述べている。「当社は、『FUJITSUユニバーシティ』を人材育成戦略のドライバーと位置づけ、従業員一人一人のキャリアプランに基づく能力開発を会社として積極的に支援し、今後、グループ全体の知の結集、共有化、承継に体系的に取り組み、新たなる知の創造により、付加価値をもたらすナレッジ・クリエイティング・カンパニーを目指します」。

当時、株式会社富士通経営研修所（後の株式会社ＦＵＪＩＴＳＵユニバーシティ）の社長となった有馬《ありま》邦彦《くにひこ》さんは、「人間力セミナー」を復活させ、45歳だけでなく全社員に受けさせたい」と切に願った。坂本さんは即座に手をあげ、「人間力セミナー」の立ち上げに立候補した。しかし、「人間力セミナー」を担当してすぐに、一抹の不安がよぎったという。会社が強制して行うセミナーではない。したがって、人があまり集まらず、必要がないと思われれば、即座に終わってしまうだろうと。

そんなプレッシャーの中、「ぜひこの人」にと第１回目の講師として招いたのが、ラグビーの平尾《ひらお》誠二《せいじ》さんである。もちろん結果は大好評だったが、その後も「毎回終わってしまうかも」という恐怖感をもって、セミナーに取り組んでいたという。６０１回の実績を持ついまでも、その気持ちは同じだ。

坂本さんは、首の皮一枚でつながってここまで来たという。体制などが変わり、今回でもう終わりかなと思っても、必ず誰か救世主が現れて、新たに次につながっていくんですよと笑う。「人間力セミナー」が続くわけは、内容の良さもさることながら、何でも前向きに捉え、話しているとついこちらまで元気になってしまう、そんな坂本さんの人間力があってこそだ。また、坂本さんは「人間力セミナー」を通して、「富士通内のイノベーターを生み出す」役割を担っているという側面において、まさに「イノベーターを生むイノベーター」なのである。

ラブレターを書くことが仕事

坂本さんは、3歳からピアノをはじめ、短大でもピアノを専攻した。しかし、周りを見回すと自分よりうまい人がいる。ピアニストとして一流にはなれ

第 1 回目の講師としてラグビーの平尾誠二さんを迎えてから「人間力セミナー」は、全国各地で 601 回、続いている

ないなと思った。しかし、ピアノは好きなので続けたいと思っていた。仕事と両立したいと考え、富士通に就職した。

ある時、富士通の研修で、音楽の講義があった。ピアニストが来て演奏する時に、楽譜をよいタイミングでめくる人が必要で、先輩たちはその仕事をプレッシャーに感じていた。自分にとって楽しい仕事だったので、その役割を担当した時に、他の人の役に立ったと実感した。

周りを見れば、富士通にも高学歴ですごい人がいっぱいいる。また、世の中を見れば、多くの達人たちがいる。そういった人たちの言葉は富士通社員の力になると思ったという。社内の能力のある人たちを応援したいと思った。「自分ではできないことを経験した人たちの言葉や思いを伝えることで、社員が元気になっていくことがうれしい」と坂本さんはいう。

では、世の中の〝すごい人〟をどのように集めるのか。それは、「ラブレター」を書くことだ。「この人でなくてはダメ！」と、気持ちが高まった人に依頼文を書く。セミナーに呼びたい人を徹底的に調べ、どのように伝えれば承諾してくれるか、どんな側面に光をあてて話してもらおうかと、24時間その人のことを考えているという。お願いする時には、もはや恋愛状態にも似て、気分が高まっている。「講演を依頼するところから、終わるまでず

梅若長左衛門《うめわかちょうざえもん》氏（観世流 シテ方） 富士通「人間力インタビュー」撮影現場より

っと恋愛中、でも次の人と重なる場合も多いのでかけもちですね」と笑う。

先生を首尾よく口説いてセミナーに参加してもらうことになった後も、その先生と打ち合わせを重ねる。セミナーに来てくれる先生が一番輝く内容を踏まえつつ、社員にとって何が一番心に響くか、役に立つかなどを考え、話す内容を決定していく。そういった坂本さんの熱意が伝わり、通常では話さない内容を「ここだけの話」ということで話してくれる先生も多いという。セミナーが終わった後には、必ずお礼状を書いて感謝の気持ちを伝えている。このセミナーが縁で、後々まで付き合いが続いている先生方も多い。

人気アニメ『ドラゴンボール』の孫悟空の声をやっている野沢雅子《のざわまさこ》さんのセミナーを行ったことがある。夏休み企画ということで、家族や友人も参加ＯＫにしたのだが、その時に参加した社員の甥っ子である浜田洋平《はまだようへい》さんはそのセミナーがきっかけとなり、声優を目指し、夢を叶えた。韓国ドラマの『カンテク

ピアノを弾くことは、気分転換であり、アイデアの源泉にもなっている

～運命の愛～』で主人公のひとり、イ・ギョン役の日本語吹替えで出演した。時間が経って、そのような形で結実したことが大変うれしいと話す。

また、プロ野球・元ヤクルトスワローズの池山隆寛《いけやまたかひろ》さんに依頼した時は、8時間くらいセミナーの準備を手伝った。池山さんからのリクエストで坂本さんのインタビュー形式にしたが、それがきっかけでアナウンス検定を受けようと思い立ち、みごとに合格できた。セミナーで縁のあった人のお手伝いをとことんするが、同時にそれは自分の成長にもつながっている。

無茶ぶりに乗ってみる、まな板の鯉になってみる

坂本さんは、コンサートを開催したり、韓国語を習ったり、料理大会に出たり、プライベートでも好奇心旺盛に活躍している。韓国語を習って1年経った

頃のことだが、その時についていた先生がスピーチ大会に出てみたらどうかと薦めてきた。まだ、大会に出るのはさすがに無理ではないか、と最初は思ったがピアノの暗譜《あんぷ》と同じだ、覚えてしまえばいいんだと思い直して、大会での発表に向けて真剣に取り組んだ。その結果、なんと3位に入賞した。

また、その韓国語の先生に料理の大会に出てみないかと無茶ぶりされた。坂本さんとしては、料理は毎日つくるが趣味ではないため、大会への出場は気乗りしなかったが、「人間力セミナー」に登壇した海洋冒険家の白石康次郎さんの言葉をふと思い出した。

白石さんは「大会に出る時は、常に優勝を目指している」という話をしてくれた。その言葉に背中を押され、優勝を目指して料理大会に参加した。料理は手順が大事、段取りをしっかりやることが重要と考えた。これは、自分がこれまでやってきた仕事と同じだ。坂本さんは、この大会でなんと1点差で優勝した。やると決めたら迷わない。もうそこに行くしかないと覚悟を決める。坂本さんの「やれば、終わる」という言葉が、強く印象に残った。

誰かのためになってよかった

坂本さんは、「母のことが大好きなんですよ」と笑顔でいう。きっと、人のために一生懸命頑張るという生き方は、お母さんから受け継いだものだ。幼い頃の話を聞かせてもらった。毎日家事で大変なお母さんをみていた。ある日、先回りして食器を洗っておいた。そうしたらお母さんがすごく喜んでくれた。「やっておいてくれて、ありがとう！」と言われるのが、すごくうれしかったという。

自分が先にやっておけば、誰かがそれをやる必要がなくなる。それは、仕事も一緒で、誰かがやらなければならない大変な下調べや仕込みの仕事も率先してやれば、その後の仕事はスムーズに進む。どうせ誰かがやるなら自分がやろうと考え、行動する。坂本さんのそんな姿勢は、幼い時の経験から育まれたものだ。

部下や後輩に対しても、「面倒なところを先延ばしにせずにいまやるように伝える」「人より努力しているところを褒める」「部下に裁量権を与え、決めさせる」と、上司として部下のモチベーションを高める姿勢を重視しているのがわかる。

目の前の仕事をどう楽しもうか、いっしょにどう成長していけるのか、といつも考えているという。自分と関わってくれた人が自分を支え、また浄化させてくれていると感じている。「自分は、人間力がないからこのセミナーをやっている」と謙遜するが、人を見る目、説得して巻き込む力は誰よりも優れている。

ちなみに、セミナーの先生たちの著作や取材などを見ると、テーマは異なっても、その人が本当に言いたいことは共通しているという。坂本さんは、「その人が褒めてほしいところは、絶対にはずさない」。講師の先生には気持ちよくセミナーをしてもらい、参加者には「生きていてよかった」と思ってもらいたい。いまは601回だが、このセミナーは坂本さんがいるかぎり、どこまでも続くだろう。

■イノベーションの視点　「この人のために」。まずは「ギバー」であること

坂本さんは、天性の「ギバー」ではないかと思う。

ペンシルベニア大学ウォートン校教授のアダム・グラントは、世界有数の組織心理学者である。彼は、著書『GIVE&TAKE「与える人」こそ成功す

る時代』（三笠書房　２０１４）において、人には3つのタイプがあると主張する。それは、ギバー（人に惜しみなく与える人）、テイカー（真っ先に自分の利益を優先させる人）、マッチャー（損得のバランスを考える人）。

企業のエンジニアを調査した結果、最も生産性の高い人たちはギバーが多かったという。成功するギバーは、他者の視点に立って利他的に行動するが、お互いのWin-Winの関係を目指せるギバーが成功するという。いまあるものを単純に分けあう（奪い合う）ならテイカーが得をするが、中長期的に見たときには、与える人に多くが戻ってくる場合が多い。

坂本さんは、会社への貢献や社員の能力を伸ばすことを中心に考えながら、自分もしっかり成長している。実は、ギブもテイクも意識せず、人が成長することが気持ちいいというシンプルな考えこそ、「共創」の時代に生き残る最大の戦略かもしれない。

〔岩崎教授から、もう一言〕

坂本さんのこれまでの仕事の実績も大したものだが、私がさすがだなぁと関心するのは、手づくり工房「みなmade」という、自分のブランドを持っていることである。取材の時には新型コロナが猛威をふるっていたが、まだマスクが市場に足りない状況だった。坂本さんは、手づくりの「みなmade」のマスクを「これを使ってみてください」と私に手渡してくれた。

それには、「みなmade」のブランドマークとアマビエ風坂本さんの似顔絵イラスト「みなビエ」に、「悪疫退散」と書かれたアイロンプリントがあった。坂本さんは、会社、家庭、作品の発表の場など、複数の場をいきいきと生きているのだ。

読者の皆さんの中にも、自分の趣味を仕事にしたいと考えている人も多いだろう。コロナ禍以降、リモートワークや2拠点での仕事のスタイルが定着してきているが、自分の時間を複数のステージに分けて生きることは、精神的にも有効である。中央大学文学部教授の山田昌弘さんと電通チームハピネスの『幸福の方程式――新しい消費のカタチを探る』（ディスカヴァー携書　２００９）では、ゼロ成長時代の仕事における満足感を5つに集約している。

少し前の調査・分析だが、現在の状況にも十分あてはまる。著者は「幸福のペンタゴン（五角形）モデル」というのを提唱しているが、その5つとは、「時間密度」「手ごたえ実感」「裁量の自由」「承認」「自尊心」である。右肩上がりの時代のように充分な金銭を得ることで、こういった満足が得られた時代もあったが、現在においてはなかなかそうはいかない。自分の可処分時間の中で、生活をいかに精神的に豊かにしていくかを考えることが重要なテーマだろう。そのためには、前述したような要素をひとつの仕事ではなく、サイドビジネスや趣味からはじめてみるのがいいのではないか。坂本さんは、まさにそれを実践しているのである。

子育ても一段落して次のステージに進みたい方、リモートワークで「裁量の幅」が大きくなった方、自給自足とはいかないまでも農業を始めようと考える方など、限られた時間の中で、やりがいを実感できるはずだ。「幸せって、何だっけ何だっけ?」というCMがあったが、やりがいはまさに主観的なもので人それぞれだが、現状をポジティブに捉えて、動いてみる人に幸福感を感じている人は多いようだ。ときには、自己肯定感を強く持ってみよう。自信のある人は輝いて見えるし、人も集まってくる。そう、坂本さんのように。

■読んでほしい本■
アダム・グラント著、楠木建 監訳『GIVE&TAKE「与える人」こそ成功する時代』三笠書房(2014)
山田昌弘、電通チームハピネス著『幸福の方程式』ディスカヴァー携書(2009)

chapter 6

一力《いちりき》の力

直木賞作家・山本一力の妻&プロデューサー

山本英利子《やまもとえりこ》

自転車で颯爽と走る英利子さんの姿に、山本一力《やまもといちりき》さんは一撃でやられてしまった。その出会いがきっかけで結婚。一力さんは「あとになって振り返ると、あれが、その時だったんだ」と言った。二度とない瞬間を2人は捉え、ここまで確かな道を歩んできた。

英利子さんは、夫に書いてほしい小説があるという。いまは書くことは望んでいないかもしれないというが、背中を押す時を心得ている。妻であり、また最高のプロデューサーとして。

プロフィール

作家・山本一力さんの妻、一力さんの作家活動のコーディネーター。

1964年、東銀座（東京都）生まれ。國學院大学卒業後、リクルートコスモス勤務。その後、実家の仕事に従事。山本一力さんと衝撃的に出会い、結婚、現在は、家事はもちろん、一力さんのスケジュール管理、原稿校正補助、講演依頼の窓口・交渉、取材旅行コーディネートなどを行っている。

＊山本一力（作家）：1997年、『蒼龍』で第77回オール讀物新人賞、2002年

『あかね空』で第126回直木賞受賞。2015年第50回長谷川伸賞受賞。現在、複数の雑誌で連載を持つ人気時代小説作家。

周りをふわっとさせる空気

英利子さんは、オリンピックの年に東京・東銀座の酒屋さんの娘として生まれた。築地にほど近い掘割《ほりわり》の町といった風情があった。家は立ち飲み屋もやっていて、さまざまな職業の人たちが時間を問わず気持ちよさそうに飲んでいた。家の近くには大小問わず多くの企業があったが、中には社内で履いているサンダルのままで飲みに来る人もいた。また、売れない画家のために、常連さんたちがお金を出し合って助けたこともあったという。社会はまだ豊かではなかったが、大人たちは余裕を持って生きていた。そんな大人たちを見て育ったと語ってくれた。

中・高一貫教育の私立女子高に入ったが、そこは「ふわっとしている」世界で、水が合った。英利子さんは、それを「突き当たるまでいかない」と表現したが、誰もが人の気持ちを察してとことん言わず手前でとめる、そういった空気が自分の助けになったそうだ。

その後、大学に進学して自転車をはじめる。自宅から大学のある渋谷まで自転車で通った。登り坂が好きで、わざわざ坂を求めて自転車を漕いでいったという。自転車競技では、タイムトライアルでの受賞経験もある本格派だ。

ランドナータイプの自転車で、北海道や四国などを周ったり、2泊3日の旅には、たびたび出かけた。自転車を持って乗車できる手回り切符を買って、夜行で現地に行き、そこからツーリングをした。朝早く着いた甲府駅のベンチでぐっすり寝てしまい、通勤の多くの人たちがホームにいる中で目覚めたという経験もある。その自転車が、後に山本一力さんとの間もつなぐことになる。

「この後、どうなるの」の力

リクルートコスモスでは、不動産関係の部署に配属された。毎日、不動産取引の相談などを受ける業務を担当していた。仕事は楽しかったが、家業の酒屋が忙しく、仕事を辞め、実家の仕事をやることにした。企業に勤めた経験はいまも仕事をするうえでおおいに

いまでも一力さんと荒川の土手を走るサイクリングは、楽しみのひとつだ

役立っているという。

ある日、英利子さんが友だちの家からの帰りに自転車で街を走っていたら、三軒茶屋の交差点あたりで声をかけて追いかけてくる男性がいた。それが山本一力さんだった。「写真を撮らせてもらえませんか」と言われ、名刺を渡された。自転車に乗る姿が決まっているので声をかけたと言われた。

学生援護会（当時）の雑誌『ＤＵＤＡ』の巻頭記事で「自転車特集」を担当していた一力さんは、モデルのオーディションをしたが、イメージに合う人がおらず困っていた。そこに颯爽《さっそう》と現れたのが英利子さんだった。イメージにぴったり合うモデルを得て、一力さんは15ページの特集記事を一気にまとめ上げた。その後、食事に行き、３カ月後のクリスマスの日には入籍するというスピーディーな展開だった。「2回目のごはんに出かけた時の感覚が、現在まで続いているように感じる」と英利子さんは笑う。一緒にいて、「扉が閉まってくる感じがしない」と表現する。それほど2人の間には、お互いの行動を規制するものも、違和感もないのだろう。

英利子さんは、一力さんを「善なる人」と評する。「善なる人」という言葉の真意は英利子さんにしかわからないが、常に真摯に小説と向き合うということだろう。一日も欠かさず文章を書き続けてきた姿勢に、一力さんの「善なるところ」を感じるという。エッセイなどを読んでいる時、その中に善なる部分を感じて涙してしまうこともあるそうだ。これからも「これは、自分しか書けない」というものを表現してほしいと英利子さんは願う。

取材の際、一力さんは、米国の作家ジョン・グリシャムの話を聞かせてくれた。彼の小説の中に、作家の妻が原稿を読んで、「おもしろい、その先どうなるの」と聞く描写があるが、小説家になったばかりで苦しい頃、英利子さんも「この後、どうなるの」と聞かれた。強く背中を押してくれたという。才能を

英利子さんは一力さんを「善なる人」だという

花開かせるには、一時それを支える力、前に押し出す強い力が必要である。一力さんは、妻の英利子さんに対して「いざという時の求心力がすごい」と語る。

人が危機に陥った時、みんなの力を中心に集めてこれまで以上の力を発揮させる人と、力を離散させてしまう人がいるが、英利子さんは前者だ。その天賦《てんぷ》の才を一力さんは、愛している。英利子さんと結婚する際、「先祖が、今後はちゃんとしろよと言ったような気がした」と、一力さんは真顔で言った。

決める覚悟

一力さんが小説家になるきっかけになったのは、2億円の借金を返すためだった。一力さんは、旅行企画や広告制作・営業、雑誌編集とさまざまな職を経て、広告制作・デザイン会社を経営していたが、当時、英利子さんの実家が相続でもめていた。その相続税が相当な額だった。それを助けるためにビデオ制作会社もつくったが、打つ手打つ手がうまくいかず倒産、2億円の借金を抱えることになった。そこで、返済のために決心したのが作家の道だった。

その決断についてどう思ったかを英利子さんに聞くと、「決めている度合いがすごかった」という答え。そのことに心動かされたという。成功する・しないという以前に、その覚悟を目《ま》の当たりにして、たとえ一緒に海の藻屑《もくず》と消えてもいいと思ったそうだ。

一力さんは、別の記事の取材で、「億を超える借金は普通に働いていたんじゃ返せない。いままで広告のコピーライターや雑誌ライターをやってきたし、小説や映画が好きだから、物語を考えることもできるから物書きになろうって単純に決めてはじめたんだよ。物書きをはじめるのに元手はいらないし。本当

手に馴染《なじ》むお気に入りのペンで、一力さんの原稿（ゲラ）の確認をするのも大切な仕事

にやれるかどうかなんて考えなかった」（人材バンクネット、「魂の仕事人・第12回　山本一力氏インタビュー」）と答えている。

英利子さんは、そんな一力さんの考えを受け入れ、家事をはじめ、夫の仕事のスケジュール管理、原稿校正補助、講演依頼の窓口などに全力で向きあってきた。そんな夫婦の忙しさもあってか、次男は小学校1年まで誕生日という言葉を知らなかったという。「誕生会をやってもらったことがなかった」というこの言葉はいまでは家族間での笑い話になっている。もちろん、盆と正月は行事として、きちんと家族が揃ってやるものの、それ以外は「普通の一日」「今日一日」という単位で考え、その日々の繰り返しで頑張って生きてきたという。

夫の一力さんも一日たりとも原稿を書くことを休むまない。毎日、朝から執筆活動を行う。忙しさのあまり電気料金の支払いを忘れ、親子4人で自転車で電力会社に電気料金を払いに行ったこともある。そういった日常のありがたさをわかり、日常が日々の努力の積み重ねの中に実現していると実感しているからこそ、一力さんの作品にはしみじみと深く人の心を打つ力があるのだろう。

英利子さんは、自分たちの仕事は、流しのタクシーの運転手と似ていると表現する。基本的には、来た仕事は断らない。人間は損する時も、得する時もある。巡り巡って自分に返ってくる。ギャラ交渉などは夫と話し合って決めるが、相手が提示してきたギャラに関しては、それでよしとしている。編集者にクレームはほとんどつけないが、筋を通さない者にはきちんという。

今後の夢を聞いてみた。そうしたら即「夫に書いてほしい小説がある」という答えが返ってきた。すでに資料は揃えてあるという。夫にしか書けない小説。しかし、一力さんは現状ではあまり乗り気ではないようだ。最大の山本一力ファンであり、最高の理解者でもある英利子さんがそこまでいう小説なら、ぜひいつか読んでみたいものだ。

最後に話してくれたここだけの秘密。一力さんの小説の中に出てくる女性の中に、英利子さんが投影されているのではと聞いたところ、「最後にちょっと出てくる犬が私なんです」と笑った。

イノベーションの視点　「プロデュース力」。才能に寄り添う

映画でもアニメでも、いい作品の制作現場には、必ずいいプロデューサーがいる。モノづくりに関わる「重要だが表面に出ない作業」（人のこと、お金のこと、契約のことなど）を作り手に負わせない環境や、作品を客観的に判断する状況を創る役割を担うからだ。

私たちは、山本一力さんの人情や家族愛の世界を堪能するが、その一本の小説を書きあげるには、身も心も削るような作業をしているはずだ。また、作家

活動を継続するためには、精神的にも体力的にも常にベストの状態に保つことが必要であろう。一力さんの創作活動を支えているのは、妻の英利子さんの存在によるところが大きいと推察できる。

才能のある人は、いつか注目され世に出るが、それを持続させるのはプロデューサーの力である。英利子さんは家族全体を仕切るプロデューサーであり、一力さんが気持ちよく執筆活動ができる環境を創る。細部に目配りしながら、ある時は作家のわがままを受け止め、ある時は受け流しながら、大きく構えている。英利子さんの「今日一日」という思いで支える日常が、作家山本一力の力でもある。

この人こそと思えるプロデューサーと言えば、スタジオジブリの鈴木敏夫《すずきとしお》さんではないだろうか。私は日本テレビ在籍時に大変お世話になったが、宮崎《みやざき》駿《はやお》と高畑勲《たかはたいさお》という2人の天才をうまく操り、数々の名作アニメを世に送り出していった。最初は閃《ひらめ》きや衝動で作品づくりに突き進んでも、制作途上で作者は悩み、孤独に襲われることが多い。その才能が最大限に開くように時代の空気を読みながら励まし導いてやらないと、名作として結実しない場合も多い。作り手は往々にして気まぐれで、わがままで、頑固である。あの手この手で作者をやる気にさせ、作品を完成に向かわせる。

才能に寄り添い、時に支え、導く力が、作品づくりには欠かせない。

〔岩崎教授から、もう一言〕

人の才能を活かすということを考えた時に思い出すのは、偉大なプロ野球選手にして、偉大な監督でもあった野村克也《のむらかつや》さんである。現役時代には、戦略の要のポジションである捕手でありながら、3冠王を獲得。また、監督としてもリーグ優勝4回、日本一を3回獲得している。「ＩＤ野球」と言われ、当時としては画期的なデータを駆使した野球を展開した。

私が博報堂でコピーライターをやっていた時代に、富士ゼロックスの仕事で野村さんとオープン戦キャンプ地の沖縄を巡ったことがある。当時は、現役を引退して野球解説者だった野村さんの生解説を聞きながら撮影し、取材をした。野村さんの解説にはこれまでの解説者にはないデータや選手の心理など細部にわたる分析があり、何度も感心したり、驚嘆したりしたが、野村さんの本当のすごさは、その人、その状況を見抜く力だろうと思った。

野球の技術を教える前に人としての生き方を教える。戦略やデータの話が優先されがちだが、その人の持ち味や気持ちを見抜き、その人に合った起用をする。「野村再生工場」と言われ、一度ダメ出しをされた選手のモチベーションをあげ、再度チームのために活躍してもらうのは、その人の気持ちや技量を含めてその人全体がわかるからこそできることだ。

その取材の際、私はこんなことを言われた。オープン戦を見ている合間に、「岩崎君は、コピーライターだよな。それだったら、もっとピッチャータイプでいいんやないか」。まだコピーライターになって2年目で、自分の書くコピーに自信が持てずにいた。ハッ、とした。言わんとしていることがすぐにわかった。「ピッチャーゆうんは、江夏のような奴や。自分が球を投げんと試合が始まらん。俺中心で自分の信じた球を投げる。わがままでいいんや」。

続けて「俺は、生まれながらのキャッチャータイプ。球を受け止める側。あれこれ悩んで全体を見なけりゃならん」。人をどうしても野球のポジションで見てしまうと言った。自分の与えられたポジションで花開くには、そのポジションに相応《ふさわ》しいスタンスがあるということだろう。それを自分でわかれということだ。

それ以来、私は自分の意識を変えた。「自分が投げなきゃ、ゲームは始まらない」常にそう思って仕事に取り組んできた。完全なピッチャー型にはなれなかったが、スタンスだけはつらぬけたかと思う。野村さんが英利子さんを見たら、きっと「キャッチャータイプや」というだろう。

■読んでほしい本■
鈴木敏夫著『天才の思考 高畑勲と宮崎駿』文春新書（2019）

chapter 7

三つ星の、その先へ

ミシュラン三つ星・日本料理「虎白《こはく》」店主

小泉瑚佑慈《こいずみこうじ》

６年連続でミシュラン三つ星を獲得するほどの天才料理人でありながら、チームを大切にする。師匠に敬意を払い、後輩の料理人やスタッフを育てることにも熱心である。天才にしては、バランスが良すぎはしないか。

いや、ひとりの力だけでは、お客様の本当の満足は生み出せないことを知っているから。そして、「虎白《こはく》」の未来を見据えているから。

プロフィール

１９７９年、神奈川県生まれ。「神楽坂 石かわ」を経て、２００８年「虎白」をオープン、店主を務める。料理専門学校卒業後、八重洲の割烹で料理長をしていた石川秀樹氏に師事。独立する石川さんとともに創業から「神楽坂 石かわ」を支えた。２００８年に「石かわ」の移転にともない、その地に「虎白」をオープンし、料理長に就任した。２０１６年、国内最年少でミシュランの三つ星を獲得、６年連続で三つ星を獲得している。

料理は「人」、そして「チーム」

小泉さんに、「料理のキモはなんですか」と、取材の最初に多少不躾《ぶしつけ》だが聞いてみた。即座に、「人です」という答えが返ってきた。料理をつくる人、サービスをする人、バックヤードでさまざまな準備をする人、お店の全体を見る人、それぞれの役割の中でチームが気持ちよく、機能的に回っていなければ美味しい料理を供《きょう》することはできない。ほとんどのお客様は、小泉さんの料理を味わいに来るのだが、その提供する料理の一品一品にそこに関わるお店のメンバーの技や思いがこもってこそ、最高の料理になるということだ。

料理長である小泉さんは、「料理」「器」「サービス」「しつらえ」など全体を見渡してお店を統括する。また、スタッフには、「挨拶」「おしゃべり」「歩き方」「白衣の着こなし」など、徹底的に教えるという。そういった一つひとつが完成度高くつながることで、いいサービスが可能になり、名店になる。

そのために、小泉さんは「チーム」を大事にする。それぞれの「人」が機能的に織りなす「チーム」になれるなら、お店の「気」もよくなるし、全体的にいいパフォーマンスが発揮できる。

お客様は、料理を味わいに来ると同時に、そのお店の「気」も味わってい

「虎白」で働くサービススタッフや料理人との打ち合わせは小泉さんにとって大切な時間だ

る。そのお店のファンになるとは、そういったお店全体から感じるものを愛するということだ。

小泉さんは、料理人を育てるためには、学べる環境をつくることが大事だという。何でも聞ける、思い切って試せる環境。かつては料理の世界は、「見て覚えろ」「先輩の技を盗め」といった厳しいタテ社会だった。もちろん、料理の基本を覚えるための修行はきっちりとやらなければ、いっぱしの料理人にはなれないだろう。しかし、小泉さんは、料理は「人」からはじまると考え、弟子たちが学びやすい環境を整えている。現在、「虎白」のほか、「石かわ」や「蓮」のスタッフとも連携しており、それらのお店のスタッフからも兄弟子として慕われている。小泉さんの弟子たちに接する態度やその思いなどが、伝わっている証拠である。

いま自分が一番いいと思うものをつくる。こだわること、変えること

「虎白」をオープンする時に、この店として独自性のある新しい料理を追求したいと考えた。正統派の日本料理も素晴らしいが、日本料理の「核」を継承しながら、驚きのある料理を提供できれば、お客様に喜んでもらえるだろうと考えた。

たとえば、通常は大和芋や魚のすり身などが「つなぎ」として使われる「しんじょ」に「つなぎ」を使わない。また伝統的な和の技法に、トリュフやキャビア、フォアグラなどの洋食の素材を組み合わせた独創的な一皿を提案するなど、従来の日本料理にはないものを取り入れて「虎白」らしい料理に仕上げている。

白子飯蒸し キャビア添え

炭焼き舞茸ごはん

小泉さんは、素材のよさを引き出すにはどうすればよいかを常に考えている。その結果、独自の技法や洋の技法を取り入れることもあるが、奇をてらうことはない。出汁《だし》にはかつおや昆布を使い、日本料理の枠組みの中でその食材を使う意味を追求する。

他店との差別化をするためにも、これまで使わなかった食材を使い、料理のオリジナリティーと料理の幅を広げたという。メニューは1カ月〜1カ月半ごとに変える。そして、同じメニューはほとんどない。それは、いま自分が一番いいと思うものをつくるから。お客様は、来るたびに新たな美味しさの感動に出合える。常連のお客様を満足させるためには、同じところにとどまっているわけにはいかない。

小泉さんは、新たな発想を得るためによく食べ歩きをする。和食の店だけでなく、ジャンルを問わず中華やフレンチの店にも行く。ラーメンや定食なども大好きだという。京都にもよく出かける。料理の味はもちろん、しつらえやおもてなしなど、それぞれの店の表現を楽しむ。小泉さんは料理を供する時に「器の景色」を大切にする。料理と器との共演を最大限お客様に楽しんでもらうことに心を配る。そのためにも書や絵画、器などの伝統文化に触れる機会を多く持つ。

最近は、ビジネス書も読むという。新たな発想は、どこからやってくるかわからない。だから、自由にさまざまなものを体験する。

たまたまが、天職だった

国内「日本料理」の中で最年少の三つ星料理人になった小泉さんは、どんな経緯で料理人になったのだろうか。料理人になるための環境の中に育ったとか、幼い頃からその道を目指して邁進《まいしん》してきたとか、そういうのではまったくない。高校時代の友人が料理学校を見学に行くというのでついて行って、そのまま自分も入ることにしたというのだ。体験入学の調理実習では、卵も割れなかったほど料理とは遠いところにいた。輝かしい料理人としての未来を想像して料理の世界に入ったのではない。

日本料理を専攻した理由も、「日本人なので、日本料理がいいかな」と極めてあいまいなものだ。普通ならまっさきにドロップアウトしていくパターンである。小泉さんも「最初はまったく何も考えていなかった」とウェブ雑誌の取材で語っているが、技術を身につけて、自分を表現できる仕事がしたいと思っていたという。

何となく決めた料理の専門学校だったが、覚悟を決めればその後は一途になる。こんなエピソードを話してくれた。中学の時にスケートボードをやっており、朝から晩までそのことばかりを考えて熱中してやっていた。こうと決めたら、ぶれない。どうしたらうまくなるかをひたすら考え、邁進する。料理専門学校でも、料理人として生きていくと決めたからには、まずは一生懸命に料理を学ぼうと思ったそうだ。

楽観的で切り替えが早く、くよくよしない性格だと本人はいう。修行時代もつらいとか苦しいとか思ったことはない。厳しいのはどの世界も同じだから、早く技術を身につけて「刺身を切ることができるようになりたい」「料理がつくれるようになりたい」という気持ちのほうが強かった。

また、「自分が関わったことで、お客様や店に貢献できたらいいな」と思うからこそ、誰よりも朝早くお店に行って準備をした。人に言われてからやる仕事はいやだった。言われる前に先読みして仕事がすんでいれば、料理の段取りが早く進む。相手のことを考えて先を読む力と一途さ、お客様目線での発想などが、小泉さんのその後の成功につながる原点になっているのではないか。

引き継ぐもの、自分らしいもの、そしてその先

ウェブ雑誌の取材で、小泉さんは師匠の石川さんのことを話している。料理に対する一切妥協しない姿勢や情熱、食材選びの厳しさ、お客様に喜んでもらうためには絶対にここまでやり遂げるという姿勢がすごかったという。そして、石川さんは毎日いろいろな食材を仕入れて、考えたことをどんどん実践していった。そういった、型にはまらない姿勢に大きな影響を受けたと語る。

石川さんの影響を受け継ぎながらも、小泉さんは自分らしい魅力的な料理を創作し、提供する。「虎白」らしさを追求する。料理はハコ（お店）ではなく、その人ありきで、その「らしさ」を継承すると小泉さんは話す。「虎白」

としての料理を提供し、お店の味と世界観に共鳴してくれるお客様を堪能させる。

小泉さんが、石川さんの影響を受けつつ、自分の料理を完成させたように、弟子たちにも新たなものにチャレンジしてほしいと考えてい

居心地のいいカウンター席は、特に常連客からの人気が高い

る。「虎白」イズムを持ちつつも、個々の才能を発揮してほしいと願ってい
る。若い才能が育った時に、また新たなことができるはずと信じている。小泉
さんは日本料理界の頂点の一人であるにもかかわらず、まだまだ成長しようと
挑戦している。

「虎白」のホームページの求人募集をみると、「調理、サービスの基礎さえあれば、経験は問いません。むしろ、経験よりもやる気がある人、自分がやりたいことを提案できる人、チャンスを楽しんで自分の力にしていくことができる人を歓迎します」とある。

応募段階で、料理の腕があるかどうかなどまったく問題にしていない。自分と一緒に未来を切り拓き、前へ進める人材を求めているのだ。さらに、料理人を採用する時に、どんな資質の人を選びますか、と小泉さんに聞いてみた。「やさしさ」と「共感力」という答えが返ってきた。料理は人柄、そしてチー

ムが重要ということだ。

■イノベーションの視点

「便益の束」を創るチームワーク

サービス・マーケティングの考え方に、「サーバクション・フレームワーク」というのがある。「Service production system」から生まれた言葉である。顧客の満足は、顧客が受けるサービスの「便益の束」によってもたらされる。「便益の束」とは、顧客と従業員との相互作用（礼儀正しさやサービス能力など）と、物的なサービス環境（快適さや装飾など）から創り出される。それは、不可視的な要素であるサービスの組織やシステムと、可視的な要素である接客する従業員、またそのお店にいる他のお客様などの要素から構成される。

「虎白」においては、お店の導入部分から玄関、お出迎え、席までの案内、接客、料理提供のタイミング、料理の味・構成、空調、空間の演出、会計、見送りまで、すべて気持ちよく進んでいく。お店としての接客システムがきちんとできているということである。

小泉さんは、お店は「お客様との相性」と言っていた。その店に通うということは、相性がいいからである。小泉さんは、一度来たお客様のことをよく覚えている。どんなリズムで食事をする人か、どんなお酒をその料理の際に合わせたかなど、それぞれのお客様の好みや食事のリズムなどを覚え、きめ細かい心遣いの中でおもてなしをしている。それは、小泉さんだけでなく、従業員全体に行き渡り、お店のシステムとして機能している。

細部まで目が（心が）行き届いているのである。サービスがお店に関わるすべてからなるとすれば、それは個人ではできない。やはり、チーム全体が高いスキルで機能する必要がある。それをマネジメントすることがお店を守る店主の役割であり、そのことによってお店は安定したサービスを維持できる。小泉さんの料理、他では味わえない逸品を求めてやってくるお客様も、実は「虎白」というステージを味わっているのである。

〔岩崎教授から、もう一言〕

「神は細部に宿る（God is in the details）」。著名な芸術家や建築家、思想家などがよくその言葉を引用する。人間は、神の域には達し得ないが、微に入り細に入り試行錯誤して完成させたものだけに特別のオーラが宿るということだろう。

そういった作品には、他にはない気品があり、気迫がある。小泉さんの料理にも気品や気迫を感じる。ただし、ビジネスにするには、作品としての完成度を保ちながら一定量を生産しなければならない。作品を商品にするということだ。そのためには、やはり技術とモチベーションの高いチームが必要である。

チームには、リーダーの存在が欠かせないが、リーダーシップについて少し説明したい。リーダーシップと言えば、一般的にはチームを力で引っ張る統括型のリーダーシップについて多く語られてきた。しかし、それとはまったく考え方を異にする「サーバントリーダーシップ」というのが、1977年にアメリカで提唱された。部下を支えることで目的に向かわせるリーダーシップで、部下にできる限りの奉仕を行い、仕事に対するモチベーションを高め、自主的に仕事をさせる方向に導いていくものだ。

部下の持つ能力を最大限に発揮できる環境づくりや役割を与えることも、リーダーの役目である。その背景には、グローバル化やデジタル化による政治・経済・社会の変化に伴う労働環境の変化や労働者の価値観の多様化がある。変動的で不確実な市場環境の中で、どんな有能なリーダーであっても一人で組織を統括し、パフォーマンスを高めることは困難になってきている。さまざまな価値観に対応し、個々のモチベーションを上げて組織の生産性をあげるには、個人を尊重し、組織が成長するようにしていく必要がある。

読者の皆さんの中にも、組織のリーダーやプロジェクトを仕切らなければならない人もいるだろう。そんな人は、引っ張るだけがリーダーではないということも心にとめておいてほしい。部下を、あるいはメンバーを支え、自主性を重んじて一緒に走る。あるいは最後尾を走り、うしろから励ますことも現在のリーダーには重要である。

私も日本テレビで宣伝部長になったばかりの時は、自分が仕切ろう、リーダーらしく振る舞おうとして空回りしていたことを思い出す。笛吹けど踊らずとはこのことだと思っていた。部下を踊らそうとしていた自分の考えが間違っていたことを悟ったのは、半年後のことだ。部下たちは自分の考えで企画をまとめ、みごとな提案をしてきた。上司の心得を部下から学んだ瞬間だった。

新たな価値創造を行うためには、個人の力を尊重し、活かしていくリーダーシップが必要である。小泉さんは、弟子たちを引っ張りながら支えている。

■読んでほしい本■
フィスク／グローブ／ジョン著、小川孔輔／戸谷圭子監訳『サービス・マーケティング入門』法政大学出版局（2005）

chapter 8

「場」をつくる
「ご近所」の強さ

芸術家 黒田《くろだ》征太郎《せいたろう》が愛した街
門司港アート・プラットフォーム

門司港には、12年ほど前から芸術家の黒田征太郎《くろだせいたろう》さんが住んでいる。門司港駅改修の際には、駅を囲う壁に大量のタコの絵を描き、港の倉庫の壁面にも彼の絵が踊っていた。

黒田さんがこの町を選んだのは、いや吸い寄せられたのは、そこに解放とアートの気風を感じたからではないのか。町の空気を生み出すのは、地域の歴史であり、人である。「門司港レトロ」とシャッター街という強いコントラストのある町の中に、新たな風を起こそうとしている若者たちがいる。

ずっとこの町で頑張ってきた者も、新たに自分の居場所を求めてやってきた者も、一緒になって門司港という場で働き・遊び、次のステージへ進もうとしている。

プロフィール

池上貴弘《いけがみたかひろ》

福岡県北九州市生まれ。大手メーカーの海外駐在員などを経て、地元にUターン。

地域のコミュニティ構築に関わる活動を実践している。

岩《いわ》本《もと》史《ふみ》緒《を》

千葉県千葉市生まれ。キュレーター、翻訳家。美術館に勤めるかたわら、地域の歴史や個的なナラティブを調査・記録・作品化するプロジェクトを行う。

中《なか》村《むら》詩《うた》子《こ》

長崎県長崎市生まれ。北九州市の門司港在住。こどものリハビリセンターに所属して福祉用具や住宅環境などの個別相談・研究開発をするHabilitation Designer。

菊《きく》池《ち》勇《ゆう》太《た》

福岡県北九州市門司港生まれ。合同会社ポルト代表。故郷の門司港から日本、世界に新しい文化を発信すべく奮闘中。

アートとリノベーションで、人をつなぐ「場」をつくる

明治から昭和初期にかけて港町として日本の近代化を支え、歴史に名を刻む

門司港もいまは、シャッター街も、目立ち経済的にも停滞しているように見える。1995年に「門司港レトロ」が誕生し、観光地としての復活は見られるものの、町全体からはかつての勢いがいまだ見えない。2019年3月に、JR九州鹿児島本線の起点駅で国の重要文化財にも指定される門司港駅のリニューアルが完了し、町の玄関口は整った。

さあ、これからという感じだろうか。かつて栄えた商店街の閉まったシャッターが続く中に、おもしろいコンセプトの書店やおしゃれなパン屋さん、バーなどがポツリ、ポツリと現れている。いま、新しいことをしたい意欲のある若者たちが少しずつ集まってきているのだ。そして、それぞれが自分の思いを託した小さなプロジェクトをはじめている。その土壌づくりの一端を担っているのが、池上さんを中心とする「門司港アート・プラットフォーム（MAP）」（以下、「MAP」）のメンバーである。

「MAP」の池上さんは、トラックや建設機械を輸出する会社を経営、岩本さんは広島の美術館勤務（「MAP」立ち上げ時は福岡の美術館勤務）、中村さんは市の総合療育センターのリハビリ工学技士で、それぞれの分野で活躍しながら地域の人たちが集えるプラットフォームを立ち上げた。

門司港ファンが少しずつ増えてきている中、人と人をつなぐ、まさにプラットフォームになればいいと思い、「MAP」を立ち上げたと彼らはいう。「MAP」の事業計画書の団体概要には、「かつて大陸への玄関口として栄えたが、現在は人口減少など地方都市に共通の課題を抱える門司港。その地域性と課題を踏まえ、アートを通じ、さまざまな地域と人をつなぐハブ／プラットフォームを生み出すことで持続的で文化的なまちをつくるという趣旨のもと、2016年4月に有志によって設立された」とある。

そして事業内容は、「空き店舗や歴史的建造物の活用」「地域に住む人々が持

左（上）から岩本史緒さん、池上貴弘さん
左（下）から梶田昌嗣さん、中村詩子さん

つスキルのネットワーク化」「アートを通した人材育成と国際交流」「アートを通した地域資源の掘り起こしと作品作りを通した地域の記憶の継承」である。アートとリノベーションを軸として、それぞれの才能とスキルをつなぐことを目指している。

もともと目標があったわけではなく、結果としておもしろい人たちがプラットフォームに集まった。ゆるやかにつながるご近所の範囲内での活動であるという。また、この活動は、門司港の町おこしがきっかけではなく、友人同士のつながりから出発した。現在はグループで150人ぐらいがつながっている。飲み会やお茶会をやると、30人くらいは集まる。それぞれの出会いが自然だったから、継続性があるのだという。

池上さんを介して、主に20~40代の人たちのゆるやかなつながりが生まれつつある。その中には、門司港の商店街にみんなが集まれる拠点として「多目的スペース」を設け運営するメンバー、また築70年の旅館をリノベーションし、ゲストハウス「PORTO（ポルト）」を開業した若者もいる。宿泊はもちろんアーティストたちの滞在中の活動拠点としても活用している。

さらに、町中にシェアハウス「門司港ヤネウラ」を開設し、また、門司中央市場の店舗をリノベーションし、ボランティアで運営する古本屋「シマネコブックストア」を経営しているメンバーもいる。「アートでも、写真でも、ご飯づくりでも、それぞれができることをやればいい。内発的かつ自足的にプロジェクトが回っていけばいいのではないか」と岩本さんは語る。

そして、「MAP」は、「玄関口プロジェクト」として、アジアで活躍するアーティストとともに複数年をかけ、段階的にアートイベントを展開している。1年目は、国内外の参加アーティスト／キュレーターによる門司港のフィールドワークとプロジェクトのプレゼンテーションを実施。2年目は、参加キュレーター／アーティストが門司港ですごし、作品づくりを行った。今後、作品の公開や展示を予定している。参加した韓国の作家の作品が光州の「アジアンカルチャーセンター」に展示されるというエポックもあった。こういった取り組みによって、「地域に根差した活動を行っているアーティスト／キュレーターと交流し、お互いの活動を学び合い、作品創作の場を共有」したり、「定期的にアジア各国で活躍するアーティストらが門司港に集う仕組みをつくる」ことを実現したいと彼らはいう。

こういったアート活動を「ＭＡＰ」では「ご近所アート（neighborhood art）」と呼ぶ。「近年、地域振興を目的としたコミュニティ・アートが増えているが、『コミュニティ』という言葉ではなんだか対象があいまいな感じがする。もっと個人の顔が見え、言葉を交わせる関係の中でアート活動を展開していきたいから『ご近所』という言葉を使った」と岩本さんは語る。

「ご近所さん」という資本

「MAP」は、それぞれ顔の見える関係の中で、内と外を巻き込みながら「ご近所」関係を着々と広げている。その試みとして「MOJIKO BANK PROJECT」というのを考えている。「人」を資本と考え、それぞれのメンバーの得意とする知識や技術などを、「MAP」というプラットフォームに預け、それをメンバーたちで手助けして花開かせようというものである。それぞれが得意な分野で頑張り、食べていける環境をつくることが地域を継続的に元気づけていくことにつながると考えているからだ。

「門司港、おもしろそう！」と思える環境を常につくっていくことが重要だと池上さんはいう。何かおもしろいことをやっているところに人は集まる。そし

梶《かじ》田《た》昌嗣《まさつぐ》さんがオーナーの門司港中央市場にある、古書店「シマネコブックストア」

芸術家の黒田征太郎さん

門司港駅のとなり「旧ＪＲ九州本社ビル」にあった「黒田さんのアトリエ」

て、関係人口が広がり地域も元気になる。「ご近所」さんという、普段はゆるくつながっているが何かあったら助け合う関係を築くことで、居心地のいい継続的な地域プラットフォームをつくり上げている。

そして、この町には、日本の広告史において欠かすことのできない人物、芸術家の黒田征太郎さんが住んでいる。グラフィックデザイナーの長友啓典《ながともけいすけ》さんとデザイン会社K2を設立、ワルシャワ国際ポスタービエンナーレ賞、日本グラフィック展「1987年間作家賞」など数々の受賞歴を持つ。門司港駅のとなり「旧JR九州本社ビル」の2階にアトリエを持ち（現在は近くに引っ越し）、日々創作活動を行っている。そこには、数え切れないほどの点数の作品が無造作に置いてあるが、気軽に黒田さんを訪ねていける場所でもある。

そこに、アート好きな者たちが時折集まり、コミュニケーションの場にもなっている。この地に、黒田さんのいる意味は大きい。アートの空気がまち全体に浸透し、若者たちの精神的な支えになるからだ。

ゲストハウス「PORTO」代表 菊池勇太さん

菊池さんは大学を卒業後、マーケティングリサーチ会社へ就職。仕事への疑問、手応え実感などから2018年に地元門司港に戻ることを決意、合同会社ポルト設立に参加した。門司港ゲストハウス「PORTO」を皮切りに、飲食店やメディア関連など4店舗の運営を行っている。北九州市のオンライン移住相談員も努め、北九州市の魅力を発信している。

2019年に菊池さんは『門司港ららばい』という映画を制作した。門司港を舞台とするヒューマンドラマである。プロデューサーとして自ら制作費を出資し、地域商店の協力やクラウドファンディングなどを利用して制作にこぎつ

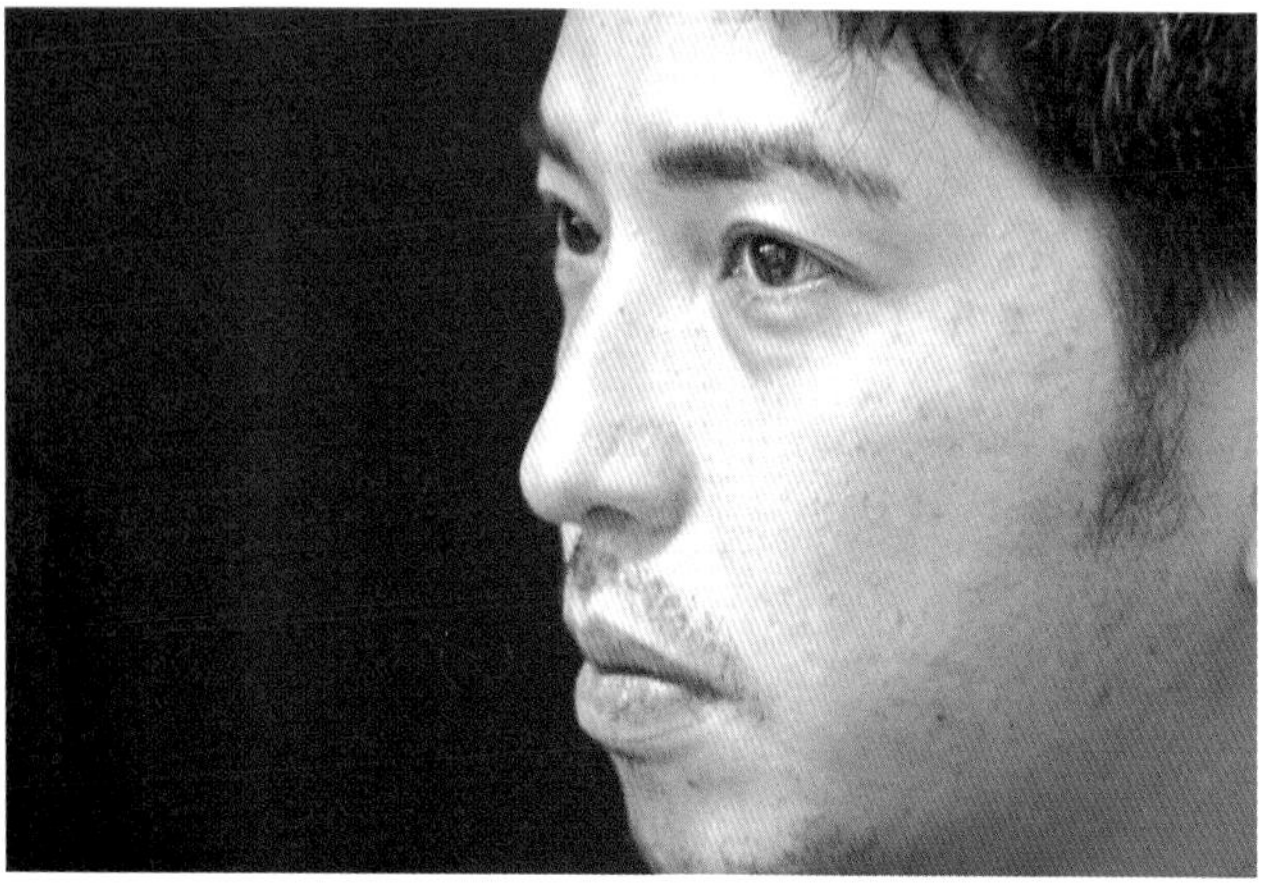

映画『門司港ららばい』のプロデューサーも務めた菊池さん

「PORTO」には、レトロな雰囲気を大切にした調度品が置かれる

門司港ゲストハウス「PORTO」前で。
左から菊池勇太さん、長野《ながの》さくらさん（ゲストハウス「PORTO」おかみ）

「PORTO」ではオリジナルのTシャツやバッグなども販売

けた。1200万円の制作費がかかり、現在も多額の借金は残るが、地域で力強く生きる人たちや門司港の町並み、景観を映像に残すことは地域資産として重要だと考えている。そこにはこれまでの門司港を支えてきた人たちへのリスペクトがあり、今後の門司港を支えていこうという気概がある。そして、画一的な近代化やグローバル化への抵抗があるのだろう。

『門司港ららばい』は、2020年8月に門司市民会館で2日間公開され、チケットは売り切れになった。期間限定で、スターフライヤー機内での上映が決定した。

経済的な効率を考えれば、実行することを踏みとどまってしまうような企画でも、まず地域への強い思いがあり、次世代へこの文化を引き継ごうという使命があれば、誰かが動くことで波が起こる。その波動はやがて膨らみ運動になる。「まず、石を投げよ。そこから何かがはじまる」——。菊池さんの話を聞いていてそんな言葉が頭をよぎり、若き開拓者の姿を見た。

■イノベーションの視点　「場」と「つながり」

池上さんたちの行う活動は、門司港にいる、あるいは集まってきたやる気のある者たちや未来を模索しながら頑張ろうとしている人たちに「場」を設けることだ。今後花咲く可能性のある才能や熱意に「場」を与え、みんなでそれを後押しする。それ自体をみんなで楽しむ、そんな「場」のイノベーションである。

その際、「ゆるいつながり」というのが重要である。閉じた「場」にせず、みんなが自由に出入りできる「場」にすることで、それぞれが縛られず、自分の心地よいスタンスで、また得意分野で参加できる。池上さんは、次の世代がどんどん新しいことをやったらいいという。そういった開かれた関係の中での仲間意識と流動性が、「ＭＡＰ」の継続性につながっている。

社会学者のマーク・グラノヴェターは、１９７３年に「弱い紐帯《ちゅうたい》の強さ(The Strength of Weak Ties)」という論文を発表した。その中で「お互いに共通の知り合いがたくさんいる強いつながりのグループ」よりも「ほとんど共通の知り合いがいない弱いつながりのグループ」のほうが、外部とつながる「ブリッジ」が多く存在し、「幅広く、多様な情報が、遠くまでスピーディに伝播する」と主張した。

門司港でおもしろそうなことをやっているということが、そこに参加するさまざまな人から外に発信され、また、「何かおもしろいことができそう」と思った人がやってきて、「ＭＡＰ」の活動に参加する。そんなエコシステムが生まれつつある。

日本の都会では、人と人とのつながりの希薄化やコミュニティの衰退が起こ

シェアハウス「門司港ヤネウラ」の住人たち

左から谷口栞さん 北條みくるさん（「門司港ヤネウラ」の管理人）宮村ゆうなさん

シェアハウスには、いつも住人たちの笑い声がたえない

っているが、一方、地方都市ではこういったコミュニティを利用したつながりが生まれてきている。門司港では、一度衰退してしまった商店街を利用して、創造的な活動が生まれている。「MAP」のような活動を通じて、アメリカの都市経済学者リチャード・フロリダのいう「クリエイティブ・クラス」（創造的な活動をし、発信力のある者）が多く住むまちになっていくのだろう。まちは、「人」である。門司港は、そういった意味で多くの可能性を秘めている。

〔岩崎教授から、もう一言〕

少子高齢化と東京一極集中で日本の地方都市の人口は、減少の一途をたどっている。ところが近年、シャッター街や空き家を利用してそこでカフェやアートの店を展開するなど、都会ではできなかった自分を表現する活動を行う若者たちが増えている。ポジティブに捉えれば、人が少ないことは個人が際立つことであり、町の余白を利用して活躍できる場があるということである。

インターネットが普及し、情報が一瞬にして世界に到達する現在では、どこでやるかという場所の価値は薄れ、その人がつくり出すコンテンツの価値やオリジナリティのある個々人の情報が重要になっている。その他大勢として、都会で埋もれるよりも、地方で、自らの活動でその存在価値を証明するほうが精神的にも充実し、本当に自分の求めるものが表現できるのではないだろうか。

ここで紹介した「門司港アート・プラットフォーム（MAP）」の事例だけでなく、たとえば、鳥取市には「パーリー建築」というのを行っている宮原《みやはら》翔《しょう》太郎《たろう》さん率いるグループがある。「パーリー建築」というのは宮原さんの造語だが、日本各地の空き家を地元の人たちとリノベーションし、暮らしていく生活スタイルのことだという。

「何でパーリーか？」と聞いたら、宮原さんは「とにかくパーティーを続けながら建築を行うから」と言い、続けて「改修する物件に住み込んで、施主や地域の人たちを巻き込んで、パーティーなどしながら一緒に物件をリノベーションする活動だから」と説明してくれた。宮原さんたちは、いま、鳥取の浜村温泉という温泉街で自らリノベーションした「喫茶ミラクル」を運営しながら、建築屋として活動している。

私たちも「場所」の意味を、自らにもう一度問い直すことが必要だろう。なぜ、いまここに生活しているのだろう、なぜここで仕事・商売をしているのだろう、活躍の場はまだ他にもあるのではないかなど、自分の存在が一番際立つところで頑張ることを勧めたい。若い人ならなおさらだ。人生はよく旅にたとえられるが、いろいろな景色や新たな人との出会い、さまざまな経験を得たほうが人生の旅路は豊かになる。自分の存在意義をもっとも感じられる「場所」、そこが最良の土地であろう。

＊この取材に関し、ご協力をいただいた眞鍋真三さん、橋本和宏さん、八木田一世さんに心から感謝します。

■読んでほしい本■

マーク・グラノヴェター著、渡辺深（翻訳）『社会と経済：枠組みと原則』ミネルヴァ書房（2019）

リチャード・フロリダ著、井口典夫訳『新クリエイティブ資本論』ダイヤモンド社（2014）

Part 2

レンズ越しのイノベーター

LIFE GRAPHIC

写真を撮り終えて

イノベーションを写真におさめるというのは
なにか特別な瞬間を撮るということではありませんでした。
レンズ越しに見た彼ら彼女らは
いわゆる「ありきたり」な生活をしていたのです。
しかし、その普通のなかにこそ、
イノベーターたる所以《ゆえん》があったような気がします。
大きなことを成し遂げる彼ら彼女らこそ、ちいさなことを大切にし
ちいさなことに強いこだわりを持っていました。

Ｐａｒｔ2では、そんなイノベーターたちの何ということのない瞬間を切り取ってみました。肩の力を抜いて、彼ら彼女らの生活を覗《のぞ》いてみてください。

自由で、謙虚で、わがままで、楽しそうな瞬間を感じることができると思います。

「さぁ、世の中を変えよう」ではなく、

「あ、こうしたらおもしろいかも」

で動く彼ら彼女らに少しでも共感できたのならば、
すでにイノベーションの入口に立っているのかもしれません。

大棟耕介

名古屋の本社内にあるプレジャー企画スタジオにて

善とか偽善とか
どっちでもいんです。
僕がやりたいからやる。
そうじゃないと後悔しますから。

ファンから届いたクラウンKの似顔絵

「ありがとう」

ではなく、

「いつもありがとう」

と言ってもらえて初めて
意味が生まれる仕事です。

行きつけの床屋「いとう理容」にて

髪を切るとき
10秒で眠ってしまいます。
リセットであり、
スイッチでもあります。

遠間和広

赤倉温泉、岡倉天心六角堂の近くにて

赤倉の大自然がアイデアの源泉です。
少し歩いてみるだけで
癒しと刺激の両方を感じることができます。

地元である「新潟県妙高高原赤倉シャンツェ」（スキージャンプ台）

目の前をプロのスキージャンプ選手が
力を溜めて大きく飛び上がる。
その瞬間を初めてみたときの衝撃を
いまでも忘れることができません。

赤倉温泉野天風呂「滝の湯」にて

温泉に浸かる。
そのときだけ、
六代目の看板をおろして楽しむんです。

山田夏子

バンタン 東京校にて

バンタンで
教師をやっていたときの経験は
本当に大きかった。
必死な彼ら。必死な私。
競争であり、共創でした。

家族でよく出かける公園

賑やかな家族にはいつも驚かされます。

「なんでそうしたの?」

親でもハッとさせられます。

長男と過ごす楽しい時間

私の周りには
「全力で何かをする誰か」
が必ずいます。

木村達男

宮城県石巻市「前網浜《まえあみはま》」にて

ほやという
海の嫌われ者を
海の人気者にできたら
すごく夢がありますよね。

左から漁師の鈴木健之《たけし》さん、木村達男さん、健之さんの息子である鈴木滉生《こうき》さん

ほや漁師たちの
誇らしい顔が浮かぶような
そんな商品を生み出したいと
思っています。

リアス式海岸である宮城県は、ほや養殖発祥の地

群青色《ぐんじょういろ》の海から
赤いゴツゴツが見えた瞬間の
ドキドキはいまでも変わりません。

坂本美奈

Jazz Club『INTO THE BLUE』小俣《おまた》修《おさむ》さんと／町田市

こんなにおもしろい人がいたって
すぐ人に言いたくなるんです。
「伝えたがり屋」なのかもしれません。

手づくりケーキ『ザッハトルテ』（切り口が市松模様）

あの人が喜んでくれる。
シンプルですが、
ずっと変わらない原動力です。

Jazz Club『INTO THE BLUE』にて

大人になっても
感受性を磨けるとしたら
すごく素敵じゃないですか？

山本英利子

この日は荒川の土手でランチ

わざわざお弁当を用意して
近所に出かけるんです。
結婚した当初から変わらない
楽しくて大切な時間です。

冷蔵庫には、和歌山の知人から取り寄せたレモンがいっぱい

「あっ、いいな」
そう感じたものは、
つい買い込んでしまうんです。

仕事に取り組む一力さんと英利子さん

作家と読者、
著者と編集者、
演者とプロデューサー、
夫と妻、
どれでもないようで、どれでもあります。

小泉瑚佑慈

神楽坂毘沙門天 善國寺にて

店に出る前、
毎日、毘沙門さまに手を合わせます。
心を落ち着ける大事な時間です。

まん中はサービススタッフの齊藤茜《さいとうあかね》さん

手前は「店主心得」の鷹見将志《たかみまさゆき》さん

毘沙門天側から臨む神楽坂の街

お店の職人、サービススタッフには
僕のすべてを伝授します。
それで僕を超えてほしい。
でも、僕も負けません。

門司港アート・プラットフォーム

福岡県最北端の門司港は「日本三大港」の一つ。関門海峡の向こう岸は山口県下関市

朝になるとボッーっと海から
汽笛の音が聞こえてきます。
今日も頑張ろう。
そう思える街です。

関門海峡連絡船は、門司港と下関唐戸を行き来する

すぐ向こうは本州なわけで、
すごく曖昧で、
でもゆとりのある時間が
関門には流れています。

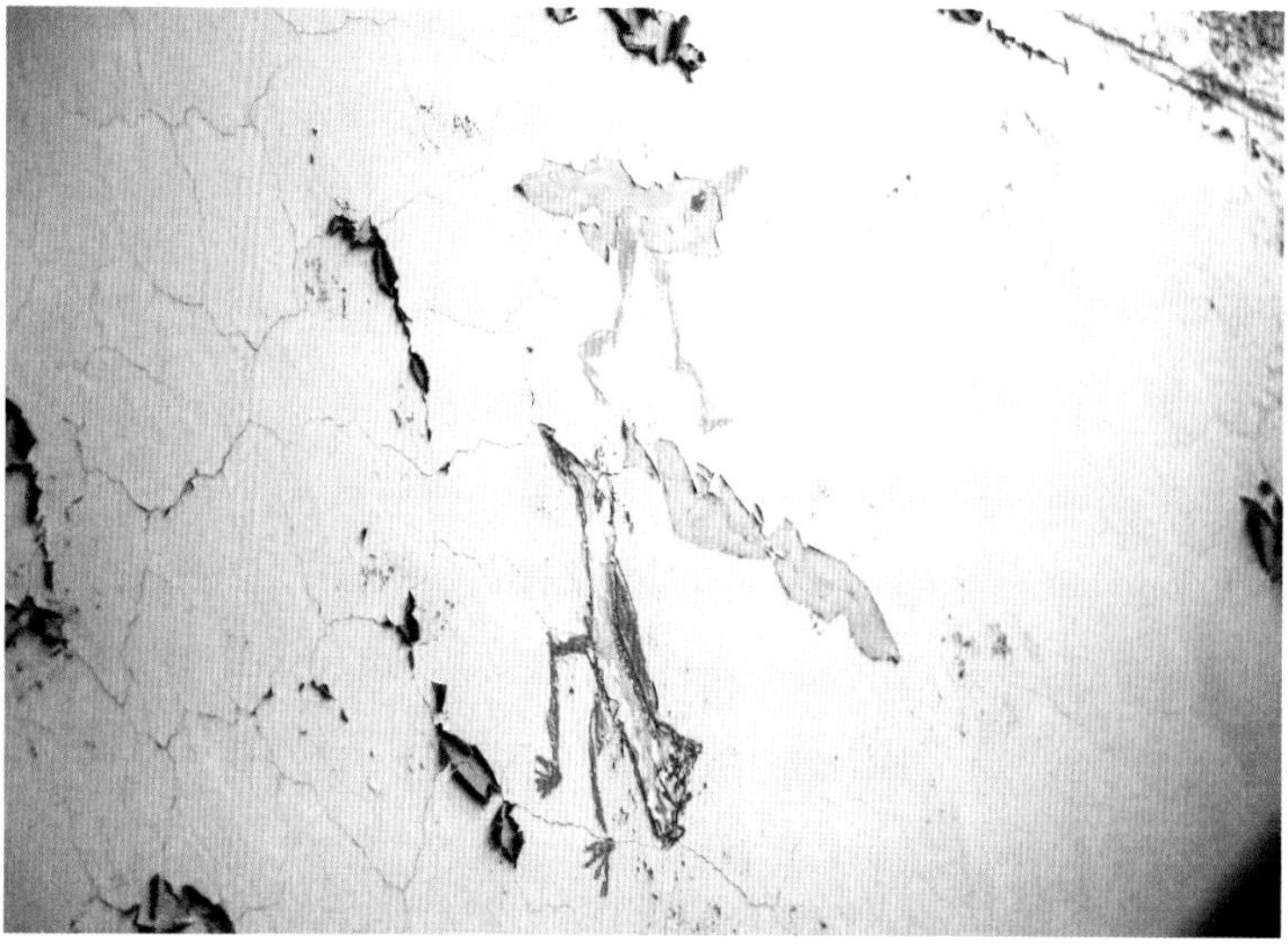

門司港で暮らす黒田征太郎さんの作品

自分たちの街だから
自分たちで残していきたい。
北九州らしい気概を誰もが持っています。

おわりに

新型コロナウイルスの蔓延によって、世界中の経済は大きなダメージを受けた。同時に、新たなビジネスのあり方が模索され、リモートワークの進展や宅配ビジネスなど、市場を拡大したケースもある。本当に必要なものと、思っていたほど重要でないものが露《あらわ》になり、人々の幸せの価値観、都市と地方の関係性を見直すきっかけになった。予期せず、停滞していたわが国の現在を見直し、新たな日本のカタチを見直すいい機会になったのではないか。何か大きな力が「日本よ、目を覚ませ！」と言っているようだ。

いま日本の企業で、時価総額が世界ベスト10に入る企業は1社もない（世界時価総額ランキング2021年5月15日時点）。わが国のビジネスにおいて、「こうあらねばならない」「これが成功の方程式だ」という言葉にいまや何の説得力もないだろう。日本社会がこれまで当然のこととして受け入れてきた理論や成功体験を一切解き放ち、いま、自分がリアルに肌感覚として必要としているものを考え、カタチにしようとすることから、これからの新たな日本経済の再生は始まるのではないか。かつて、日本の技術がガラパゴス的に進化し、どの国にも負けないような精度を誇ったように。また、日本の伝統文化やサブカルチャーが、独自の感性で世界が尊敬する次元にまで高まったように。

そして、都市部だけでなく各地域でもこれまでの成功の条件や考え方に捉われない新たな価値観の提示をし、強く生きている人たちが多く生まれ、成功のパラダイムシフトも起こっている。

近年、人々の注目を浴び応援されている企業には、消費者のニーズを捉えていることはもちろん、生活をよくするという大義がある。ムーヴメントを起こすには、生活者の共感が必要な時代になっている。本書は、7人＋1グループの方たちの仕事をする現場、また、プライベートな時間にも密着してまとめたものである。その期間は約1年におよんでいる。取材や撮影で何度もお会いするたびに彼らは変化している。それに応じて、彼らのイノベーティブな部分を何度も捉え直し、現在の文章や写真に到達している。彼らの立場や活動するフィールドは異なるが、その生き方、考え方、ビジネスの仕方を読み解けば、今後の皆さんの事業や活動のためのヒントが必ず発見できると確信している。

本書のために快く密着取材に応じてくださった7名＋1グループの皆さまに、心より感謝申し上げます。また、本書を手に取ってくださった方々のそれぞれの分野でのご活躍を祈っています。

著者

〈参考文献〉

（はじめに）
Ｊ・Ａ・シュンペーター著、八木紀一郎、荒木詳二訳『シュンペーター 経済発展の理論（初版）』日本経済新聞出版社（２０２０）
クレイトン・Ｍ・クリステンセン、ジェームズ・アルワース、カレン・ディロン著 櫻井祐子『イノベーション・オブ・ライフ ハーバード・ビジネススクールを巣立つ君たちへ』（２０１２）
一橋大学イノベーション研究センター編『イノベーション・マネジメント入門〈第２版〉』日本経済新聞出版社（２０１７）

（おわりに）

ＹＡＨＯＯ！ ＪＡＰＡＮファイナンス（https://stocks.finance.yahoo.co.jp/us.ranking/?kd=4&tm=d ２０２１年５月１５日閲覧）

◎プロフィール◎

文
岩崎 達也（いわさき たつや）

関東学院大学経営学部教授/法政大学大学院イノベーション・マネジメント研究科兼任講師。
1981年博報堂入社。コピーライターとしてカネボウ化粧品、サントリー、JRAなどの広告を制作。1992年日本テレビに転じ、編成部番組企画、宣伝部長、編成局エグゼグティブディレクター、日テレAX-ON執行役員などを歴任。九州産業大学商学部教授を経て現職。専門は、マーケティング・マネジメント、ブランド・マネジメント、コンテンツビジネス。主な著書に『日本テレビの「1秒戦略」』（小学館新書）『メディアの循環「伝えるメカニズム」』共編著（生産性出版）『地域は物語で10倍人が集まる』共編著（生産性出版）など。読売広告賞、グッドデザイン賞などを受賞。

写真
石田 青（いしだ あお）

写真家。
大学在学中にちいさな生活の営みに興味を持ち、ドキュメンタリー動画を制作する。制作した動画がフジテレビにて放送されたことを機にカメラを使った活動を本格的にはじめる。その後、一般企業で働きながら武蔵野美術大学大学院に通い、現在に至る。

街角のイノベーション
なぜ、人は挑むのか

2021年6月30日　第1刷発行

著　　者　岩崎達也
写　　真　石田 青
発 行 者　石田尾直子
編集担当　池口祥司
発 行 所　下町書房
125-0042　東京都葛飾区金町4-23-4
電話／03(5699)9381

印刷・製本　シナノパブリッシングプレス
本文デザイン　朝日メディアインターナショナル
カバー　エムアンドケイ
校正　梶原 雄

乱丁・落丁は下町書房までお送りください。送料小社負担にてお取り替えいたします。

ISBN978-4-910301-00-6
Printed in Japan